LA GUERRE DE SÉCESSION

1861-1865
LES ARMÉES DE L'UNION ET DE LA CONFÉDÉRATION

Dessins André JOUINEAU
Textes Jean-Marie MONGIN
Légendes d'André JOUINEAU et Jean-Marie MONGIN

HEIMDAL

Les armées de l'Union

Ce conflit qui opposa, de 1861 à 1865, les armées du Sud à celles de l'Union de la presque centenaire république des États-Unis d'Amérique du nord, demeure dans les annales comme la dernière guerre classique – par certains aspects, héritière des guerres napoléoniennes – et la première vraie guerre moderne du XXe siècle, avec, pour la première fois, une utilisation massive et souvent intensive des technologies « de pointe ».

À droite. Le *Major-General* Winfield Scott Hancock en grande tenue avec les épaulettes de son grade, en 1862. *(NARA, droits réservés)*

Ce conflit fratricide est le fruit d'une longue suite de compromis politiques, économiques et idéologiques entre deux civilisations qui ne masquaient que bien imparfaitement les fractures.

Les féroces appétits du Nord opposés aux principes d'indépendance des États du Sud ne pouvaient mener qu'à l'explosion. Quatre ans d'un conflit acharné, meurtrier, sanglant, total, où *Johnny Reb* ne faisait pas quartier à son frère *Billy Yank*. Tout a été dit, ou écrit, sur ce conflit : la joie de vivre du Sud, son élégance, son esprit chevaleresque, son attachement aux traditions séculaires – y compris celle de l'esclavage – affrontant la machine de guerre industrielle du Nord, ses valeurs humanistes, son courage de boutiquier mais aussi son avidité et son implacable esprit de planification.

De *Naissance d'une Nation* à *Autant en emporte le vent*, tous les clichés ont été rabâchés et nous n'irons pas plus avant dans les interprétations des causes et des effets de la Guerre de Sécession, tel n'est pas notre propos.

Cet ouvrage tient à présenter le plus large panorama possible en cent soixante-seize pages de l'uniforme porté par les belligérants de ce conflit. Les silhouettes les plus caractéristiques, les principes d'organisation de base sont, au gré des chapitres, exposés sous la forme d'un petit guide pratique.

Entonnons donc *Dixie Land* ou *Star Spangled Banner* dès maintenant et partons sur les traces des acteurs de Gettysburg ou de la Shenandoa Valley.

L'état-major du général Gouverneur K. Warren, « le héros de Little Round Top » (au centre, en chapeau, sous le 5 du drapeau), *Vth Army Corps*, printemps 1864. Il se dégage de toutes ces photographies d'état-major comme une impression de décontraction sereine… *(Photographie Benjamin B. Brady « Collection of Civil War », NARA, droits réservés)*

Les officiers généraux de l'Union

Lieutenant-général en grande tenue.

Brigadier-général en grande tenue.

Brigadier-général en tenue de service.

Brigadier-général.

Major-général.

Lieutenant général.

Épaulette de major-général.

Bouton d'officier général.

Hardee Hat d'officier général.

Chapeau d'officier général.

Major-général en tenue de service.

Brigadier-général en petite tenue de service.

Brigadier-général en tenue de service

Selle MacLellan de brigadier-général.

La guerre civile américaine

1860

6 novembre. Élection d'Abraham Lincoln à la présidence des États-Unis.

1861

NAISSANCE DE LA CONFÉDÉRATION DES ÉTATS DU SUD

La Convention se tient à Montgomery.
Le 8 février. Gouvernement provisoire.
Le 9 février. Jefferson Davis est élu président de la Confédération.
À la mi-avril. la Confédération peut compter sur 35000 hommes sous les drapeaux.
Du 12 au 14 avril. Bombardement de Fort Sumter.
15 avril. Lincoln appelle les volontaires sous les drapeaux.
Le 17 avril. la Virginie fait sécession, onze états sont maintenant en armes du côté sudiste.
Le 19 avril. Lincoln instaure le blocus du Sud.
Le 20 mai. Rébellion ouverte.
Le 24 mai. Le Kentucky se déclare neutre.

LA GUERRE À L'EST

Le 24 mai, Washington est menacée.
Juin. Mouvements dans les deux Virginie.
21 juillet. Première bataille de Bull Run.
22 juillet. Nouveau commandant en chef pour l'armée du nord.
De juillet à décembre. Le général McClellan organise et entraîne la future armée du Potomac.
12 et 13 septembre. Bataille de Cheat Mountain.
21 octobre. Bataille de Ball's Bluff.
1er novembre. Nouveau commandant en chef pour l'armée du nord.

LA GUERRE À L'OUEST

1er juin. Bataille de Booneville.
10 août. Bataille de Wilson's Creek.
D'août à décembre. Les généraux Grant et Johnston arrivent dans le Kentucky.
7 novembre. Bataille de Belmont. Grant et ses 3000 hommes sont victorieux.
18 novembre. Le général Halleck commandant en chef pour le front ouest.

1862

Le blocus des états du sud est désormais total.
27 août. Affaire de Hatteras Inlet.
7 novembre. Affaire de Port Royal.
8 novembre. Affaire de Trent.

LA GUERRE À L'EST

De janvier à mars. McClellan planifie son intervention mais ne bouge pas.
De février à avril. Opérations sur les côtes de Caroline du nord.
8 mars. Bataille de Hampton Road (premier jour).
9 mars. Le *Monitor* affronte le *Merrimack*.
10 mars. McClellan se prépare à l'action.
22 mars. McClellan se dirige vers la péninsule.
23 mars. Bataille de Kernstown.
Avril. Lee entame son offensive.

CAMPAGNE DE LA SHENANDOA

1er mai. Le général Jackson prend position.
Du 9 au 30 mai. Jackson fait mouvement.
23 mai. Bataille de Front Royal.
25 mai. Première bataille de Winchester.
26 mai. Lincoln réagit.
8 juin. Bataille de Cross Keys.
9 juin. Bataille de Port Republic.
Courte bataille de cinq heures qui prend fin quand Ewell rejoint le général Jackson.

CAMPAGNE DE LA PÉNINSULE

4 avril-4 mai. Siège de Yorktown.
5 mai. Bataille de Williamsburg.
25 mal. McClellan aux portes de Richmond.
31 mai-1er juin. Bataille de Seven Pines (Fair Oaks).
25 juin-1er juillet. Batailles des Sept jours.
25 juin. Regroupement des forces confédérées.
26 juin. Bataille de Mechanicsville.
27 juin. Bataille de Gaines's Mill.
1er juin. Naissance de l'armée sudiste dite de Virginie du nord.
Du 12 au 15 juin. Raid de cavalerie de Stuart.
29 au 30 juin. Batailles de Peach Orchard Savager Station, White Oak Swamp, Glendale-Frayer's farm.
1er juillet. Bataille de Malvern Hill

L'ARMÉE DE VIRGINIE

26 juin. John Pope nouveau *Major General*.
Du 11 juillet au 3 août. Réorganisation et regroupement des forces de l'armée du nord.
Juillet-août. Contre-attaques des armées du Sud.
9 août. Bataille de Cedar Mountain.
24 août. Plan de bataille de Lee.
26 au 26 août. Jackson fait route au nord.
29 au 30 août. Seconde bataille de Bull Run.
31 août. Bataille de Chantilly
Les Confédérés perdent, lors de cette campagne, 9197 hommes.

CAMPAGNES D'ANTIETAM-SHARPSBURG

Du 4 au 9 septembre. Première incursion de Lee dans les États du Nord.
7 septembre. McClellan à la poursuite de Lee.
12 septembre. Les plans de Lee tombent aux mains de McClellan.
14 septembre. Bataille de South Mountain.
14 au 15 septembre. Bataille de Harpers Ferry.
17 septembre. Bataille d'Antietam.
7 novembre. Remplacement de McClellan.
De novembre à décembre. Burnside élabore ses plans de bataille.
13 décembre. Bataille de Fredericksburg. Les Confédérés perdent 5309 hommes lors de cet affrontement. Burnside rend ses subordonnés responsables de la déroute.
20 janvier. Remplacement de Burnside.
7 au 8 mars. Bataille de Pea Ridge.
15 avril. Bataille de Peralta.
7 décembre. Bataille de Prairie Grove.
19 au 20 janvier. Bataille de Mill Springs.
Février-mars. Débâcle des troupes confédérées.
6 au 7 avril. Bataille de Shiloh.
Mai-juin. Progression du général Halleck.
11 juillet. Halleck accède au commandement en chef.
Juillet-septembre. Grant sur la défensive.
19 au 20 septembre. Bataille de Iuka.
3 au 4 octobre. Bataille de Corinth.
Pour 23000 soldats de l'Union engagés, on compte 2520 morts. Les pertes confédérées s'élèvent à 4233 hommes pour 22000 engagés.

BELL ET ROSECRANS vs BRAGG

Juillet-octobre. Bragg envahit le Kentucky.
8 octobre. Bataille de Perryville.
23 octobre. Remplacement de Bueil.
Novembre-décembre. Situation de « pat » entre les deux armées.
Du 31 décembre au 3 janvier. Bataille de Stones River (Murfreesboro).

L'UNION PROGRESSE LE LONG DU MISSISSIPI

9 mai. Bataille de Plum Point.
6 juin. Bataille de Memphis.
Mars-avril. Farragut sur la rivière Mouth.
24 avril. Bataille navale de la Nouvelle-Orléans.
28 juin. Vicksburg n'est pas inquiétée par les armées du Nord.
15 juillet. Bataille navale entre l'Arkansas et la flotte de l'Union.
De novembre à décembre. Grant progresse et s'approche de Vicksburg.
25 au 29 décembre. Opérations sur les falaises de Chickasaw.

1863

26 janvier. Hooker devient général en chef des armées du Nord.
Du 27 au 30 avril. Le major-général John Sedgwick et 40000 hommes traversent le Potomac à Fredericksburg.
Les pertes de l'Union s'élèvent à 16792 tués,

blessés ou capturés. Le sud perd 12754 hommes.

CAMPAGNE DE GETTYSBURG

3 juin. Lee se prépare à envahir le Nord.
9 juin. Bataille de Brandy Station.
Du 13 au 14 juin. Seconde bataille de Winchester.
Du 15 au 24 juin. Lee franchit le Potomac.
Du 13 au 27 juin. Hooker poursuit Lee.
De juin à début juillet. Raid de cavalerie du général Stuart.
28 juin. Le *Major General* George C. Meade prend le commandement en chef.
30 juin. L'avant-garde des armées du Nord engage les confédérés à quelques kilomètres de Gettysburg.
1er juillet. Premier jour de la bataille de Gettysburg. Le *11th Corps* confédéré engage le *1st Corps* du général Reynolds et les troupes du général Howard.
2 juillet. Deuxième jour de la bataille de Gettysburg. Le *Brigadier General* Warren, commandant les troupes du génie du général Meade, découvre que Little Round Top est inoccupé.
3 juillet. Troisième jour de la bataille de Gettysburg. Dix brigades lancées à l'assaut dans ce qui sera connu comme « la Charge de Pickett ».
Du 4 au 14 juillet. Lee retraite.
D'août à septembre. Guerre de mouvement et match nul dans les opérations des rapides de Rappahannock.
Du 27 novembre au 1er décembre. Campagne de Mine Run.

LA GUERRE DANS L'OUEST

De février à mars. Batailles navales sur le Mississippi.
14 mars. Prise de Port Hudson.
Avril. Grant se met en place.
Du 18 avril au 3 mai. Raid du général Grierson.
30 avril. Franchissement du Mississippi.
Du 7 au 19 mai. Campagne de la Big Black River.
6 mai. Bataille de Champion's Hill.
Du 19 mai au 4 juillet. Siège de Vicksburg.
4 juillet. Reddition de Vicksburg.

CAMPAGNES DE TULLAHOMA, CHICKAMAUGA ET CHATTANOOGA

Du 23 juin au juillet. Campagne de Tullahoma.
16 août. Rosecrans et Burnside sur la défensive.
19 et 20 septembre. Bataille de Chickamauga.
De septembre à octobre. Siège de Chattanooga. Burnside passe la main.
17 octobre. Grant prend le commandement de toutes les opérations sur le théâtre ouest.
17 au 27 octobre. Sauvetage de Chattanooga.
De novembre à décembre. Siège de Knoxville.
24 novembre. Bataille de Lookout Mountain (première journée de la bataille de Chattanooga).
25 novembre. Bataille de Missionary Ridge (deuxième journée de la bataille de Chattanooga).

1864

9 mars. Grant devient général en chef.

LA GUERRE À L'EST

Du 28 février au 2 mars. Raid des généraux Kilpatrick et Dahlgren.

CAMPAGNES DU WILDERNESS, DE SPOTSYLVANIA ET COLD HARBOR

D'avril à mai. Préparation de Grant.
4 mai. Traversée du Rapidan.
5 et 6 mai. Bataille du Wilderness.
7 mai. Grant applique ses plans à la lettre.
Du 8 au 18 mai. Bataille de Spotsylvania.
11 mai. Bataille de Yellow Tavern.
20 mai. Grant, de nouveau, se dirige au sud.
Du 3 au 12 juin. Bataille de Cold Harbor et échecs de Butleret Sigel.
15 mai. Bataille de Drewry's Bluff.
15 mai. Bataille de New Market.

DE COLD HARBOR À PETERSBURG

Du 11 au 12 juin. Bataille de Trevilian Station.
13 au 18 juin. Franchissement de la James River.
Du 15 au 18 juin. Bataille de Petersburg.
2 juillet. Early franchit le Potomac
9 juillet. Bataille du Monocacy.
Du 11 au 12 juillet. Combats dans les faubourgs de Washington.
Du 25 au 30 juillet. Early refranchit le Potomac.
7 août. L'armée de Sheridan dans le Shenandoah.
19 septembre. Bataille de Opequon Creek (troisième bataille de Winchester).
22 septembre. Bataille de Fisher's Hill.
De septembre à octobre. Mise à sac de la Vallée du Shenandoah.
19 octobre. Bataille de Cedar Creek.

LE SIÈGE DE PETERSBURG

Du 19 juin au 31 décembre. Opérations au sud de Petersburg.
30 juillet. Bataille de Petersburg Mine.
Du 14 au 20 août. Affaire de Deep Bottom.
Du 18 au 21 août. Affaire de Globe Tavern.
25 août. Affaire de Realm's Station.
Du 29 au 30 septembre. Bluff de Chaffin.
30 septembre. Affaire de Peeble's Farm.

LA GUERRE À L'OUEST

De mars à mal. Expédition de la Red River.
De septembre à octobre. Le général Price fait campagne dans le Missouri.
23 octobre. Bataille de Westport.
De mars à avril. Raids dans le Kentucky.
10 juin. Bataille de Brice's Roads.
14 au 15 juillet. Bataille de Tupelo.
27 juin. Bataille de Kenesaw Mountain.
9 juillet. Franchissement de la Chattahoochie.
20 juillet. Bataille de Peachtree Creeck.
22 juillet. Bataille d'Atlanta.
28 juillet. Bataille de Ezra Church.
Du 28 juillet au 22 août. Raids de la cavalerie du Nord.
Du 27 au 31 août. Chute d'Atlanta.

LA MARCHE À LA MER

De septembre à octobre. Manœuvres des forces de l'Union autour d'Atlanta.
Du 9 au 21 décembre. Opérations contre Savannah.
14 novembre. Hood envahit le Tennessee.
30 novembre. Bataille de Franklin.
Du 15 au 16 décembre. Bataille de Nashville.

LA GUERRE SUR MER

19 juin. Le *Kearsarge* engage l'*Alabama*.
5 août. Bataille de Mobile Bay.
27 octobre. Destruction du *CSS Albemarle.*
Décembre. Première expédition contre Fort Fisher.
Du 23 au 25 décembre. Première attaque de Fort Fisher.
Du 13 au 15 janvier. Assaut final contre Fort Fisher.

1865

3 février. Lee nommé général en chef.

CAMPAGNE DES CAROLINES

17 février. Incendie de Columbia.
22 février. Chute de Wilmington.
19 au 20 mars. Bataille de Bentonville.

CAMPAGNE DE SELMA

18 mars. Grant progresse en Alabama.
2 avril. Bataille de Selma.
Janvier-mars. Grant augmente la pression.
25 mars. Bataille de Fort Stedman.
26 mars. Sheridan rejoint.
Du 29 au 31 mars. Batailles de Dinwiddle Courthouse and White Oak Road.
1er avril. Bataille de Five Forks.
2 avril. Assaut de Petersburg.

CAMPAGNE D'APPOMATTOX

3 avril. Lee retraite.
6 au 7 avril. Bataille de Sayler.
9 avril. Bataille d'Appomattox.
9 avril. Reddition du général Lee.

Drapeaux et fanions des quartiers généraux de l'Armée du Cumberland

Drapeau de QG
du XXIe Corps d'Armée.

Drapeau de QG
du XIVe Corps d'Armée.

Drapeau de QG
du XXe Corps d'Armée.

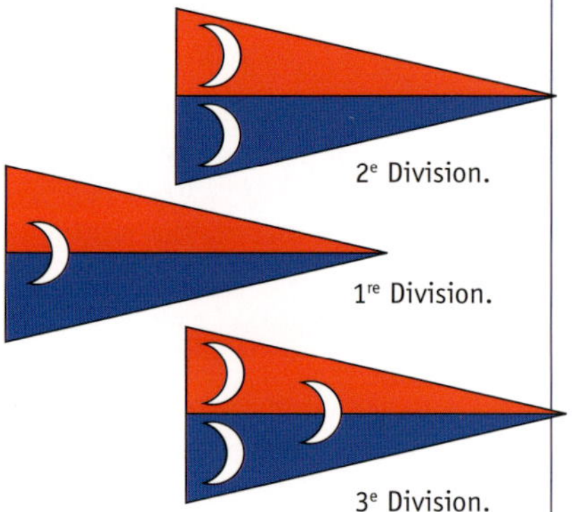

2e Division.

1re Division.

3e Division.

Fanion des divisions du corps
de réserve de l'Armée de Cumberland.

Drapeaux et fanions des QG de l'Armée du Potomac

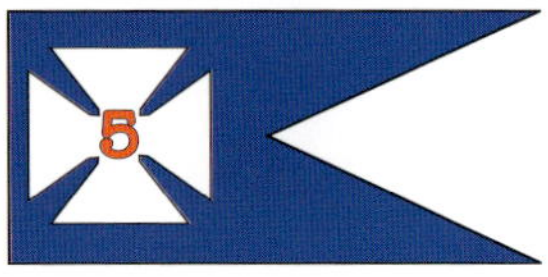

Fanion de QG
du Ve Corps d'Armée.

Fanion de QG
du Xe Corps d'Armée.

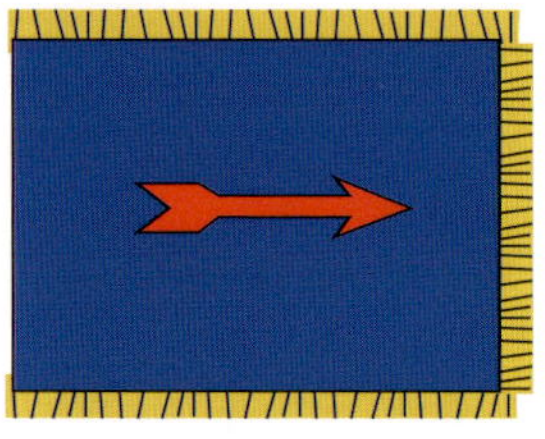

Fanion de QG de la 1re division
du XVIIe Corps d'Armée.

Fanion de QG du XXIIIe
Corps d'Armée.

Fanion de QG
du VIe Corps d'Armée.

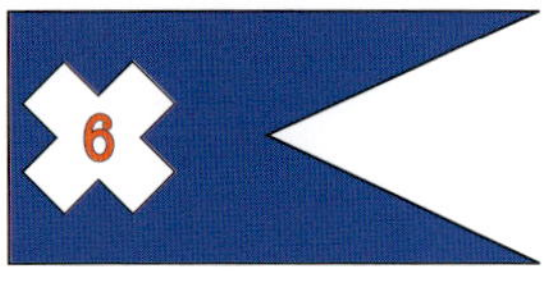

Fanion de QG
du XIIe Corps d'Armée.

Fanion de QG de la 2e division
du XIXe Corps d'Armée.

Fanion de QG
du XXVe Corps d'Armée.

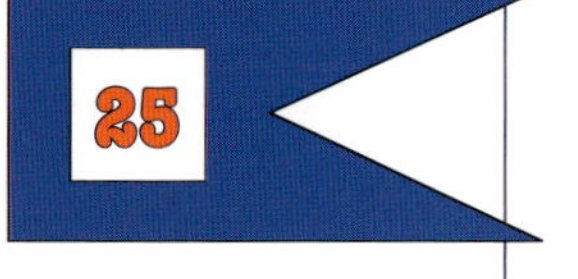

Fanion de QG
du IXe Corps d'Armée.

Fanion de QG
du XVIIIe Corps d'Armée.

Fanion du général commandant
l'EM du XIXe Corps d'Armée.

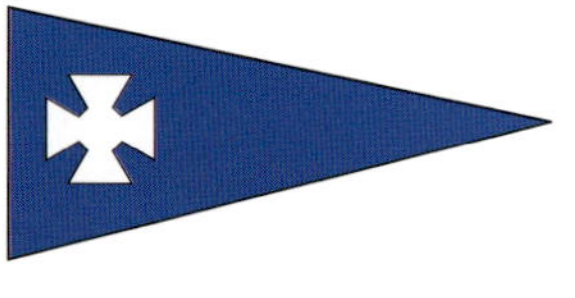

Fanion de QG
de la 2e division
du XVe Corps d'Armée.

Fanion de QG de la 2e brigade,
4e division du IXe Corps d'Armée.

Fanion du général commandant la
2e division du XVIIIe Corps d'Armée.

Fanion de QG
du XXe Corps d'Armée.

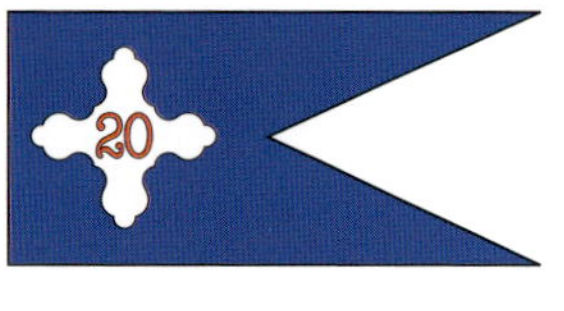

Fanion de QG
de la 3e division
du IVe Corps d'Armée.

Drapeaux de divisions et brigades, ordonnance de 1862

Drapeaux des 1, 2, 3, 4e divisions, selon l'ordonnance de 1862.

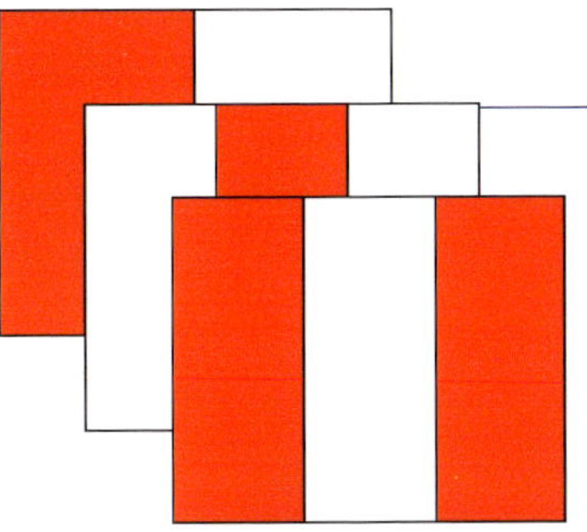

Drapeaux des 1,2,3e brigades de la 1re division.

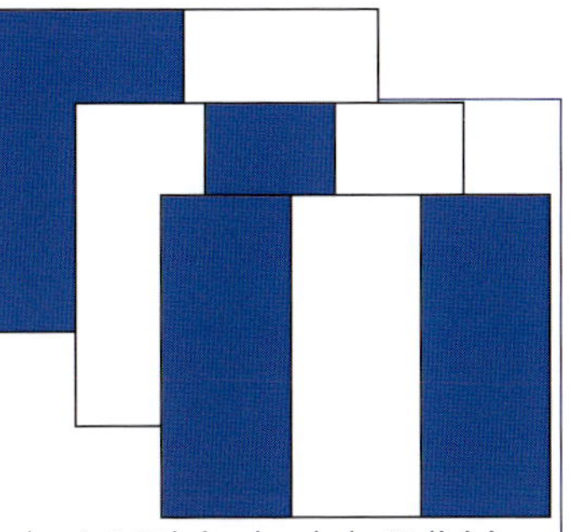

Drapeaux des 1,2,3e brigades de la 2e division

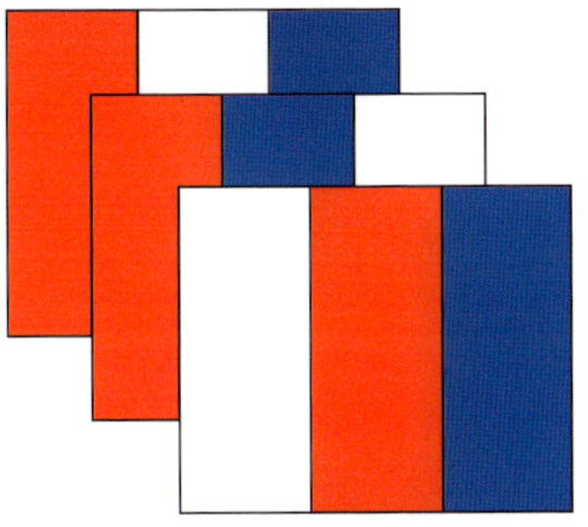

Drapeaux des 1,2,3e brigades de la 3e division.

Drapeaux des 1,2,3e brigades de la 4e division.

Drapeaux et fanions du 2e corps d'armée en 1863

Chief Quatermaster.

Quartier général.

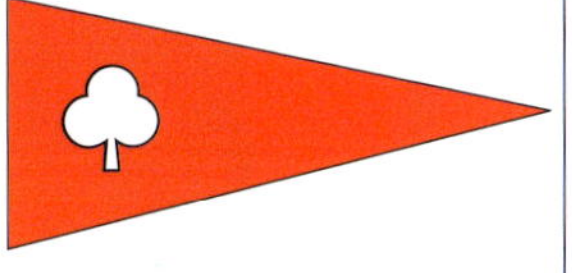

Brigade d'artillerie.

1re division.

2e division.

3e division.

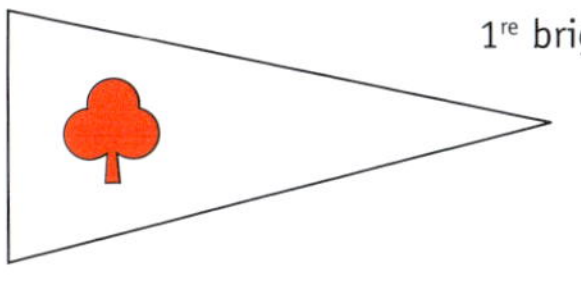

1re brigade.

1re brigade.

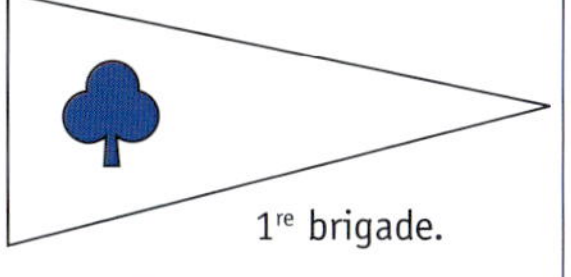

1re brigade.

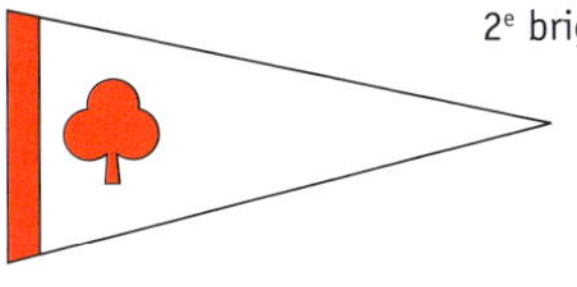

2e brigade.

2e brigade.

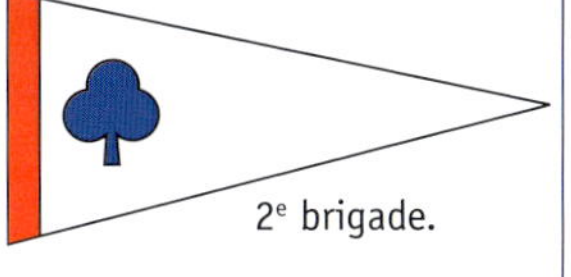

2e brigade.

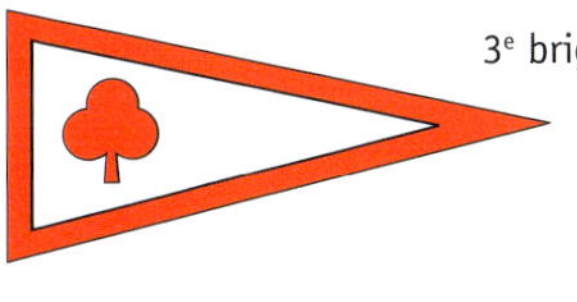

3e brigade.

3e brigade.

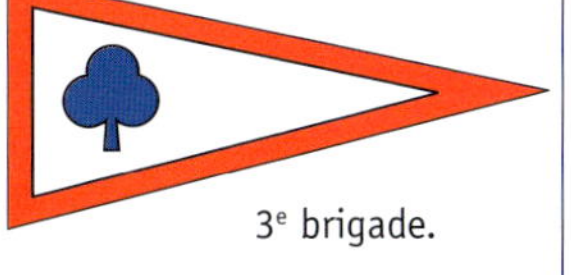

3e brigade.

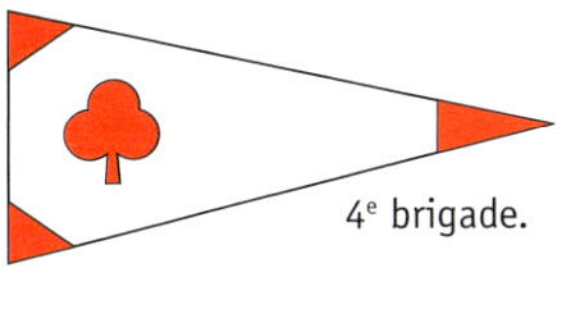

4e brigade.

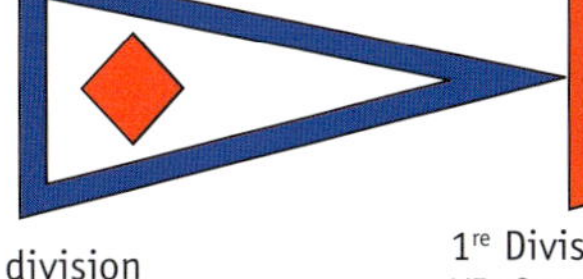

3e brigade, 1re division, IIIe Corps d'Armée.

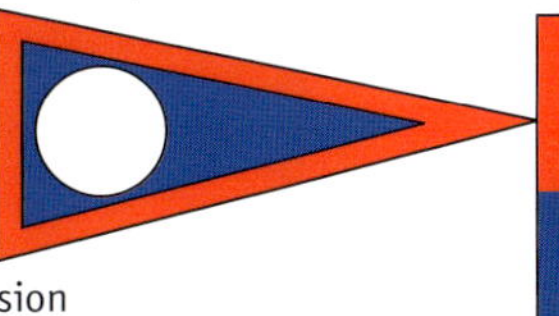

3e Brigade, 2e Division, IIIe Corps d'Armée.

QG du département de Virginie et de Caroline du Nord 1864-1865, troupe d'occupation.

4e compagnie du *11th Pennsylvania volunteers*.

3e Division XXIVe Corps d' Armée.

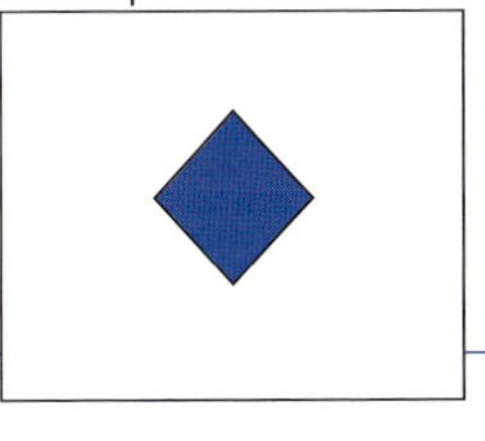

3e division IIIe Corps d'Armée.

1re Division VIe Corps d'Armée.

Les drapeaux des régiments réguliers d'infanterie

Sergent porte-drapeau
de l'état-major de la 1re division
du Ve Corps de l'Armée du Potomac.

Sergent porte-drapeau
du *4th US Infantry Regiment*.

Les Regimental colours

Sergent porte-drapeau
du *Regimental colours* du
1st Michigan Infantry volunteers.

Regimental colours
du *60th Infantry Regiment.*

Les insignes des corps d'armée de l'armée du Potomac

1st Corps
1st Division (rouge)
2nd Division (blanc)
3rd Division (bleu)
4th Division (vert)
5th Division (orange)

1st Corps (variante)
1st Division (rouge)
2nd Division (blanc)
3rd Division (bleu)
4th Division (vert)
5th Division (orange)

2nd Corps
1st Division (rouge)
2nd Division (blanc)
3rd Division (bleu)
4th Division (vert)
5th Division (orange)

3rd Corps
1st Division (rouge)
2nd Division (blanc)
3rd Division (bleu)
4th Division (vert)
5th Division (orange)

4th Corps
1st Division (rouge)
2nd Division (blanc)
3rd Division (bleu)
4th Division (vert)
5th Division (orange)

5th Corps
1st Division (rouge)
2nd Division (blanc)
3rd Division (bleu)
4th Division (vert)
5th Division (orange)

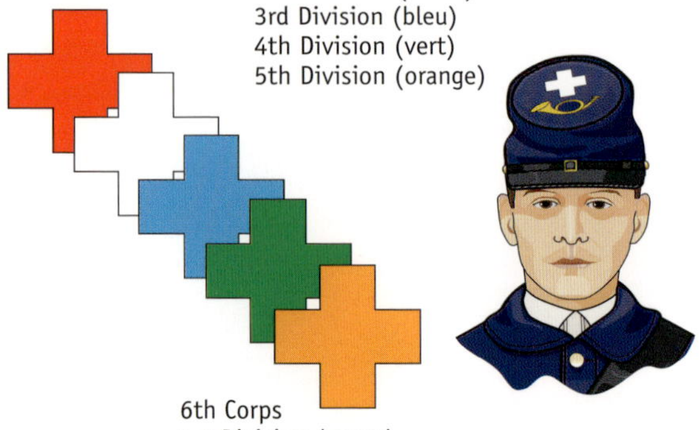

6th Corps
1st Division (rouge)
2nd Division (blanc)
3rd Division (bleu)
4th Division (vert)
5th Division (orange)

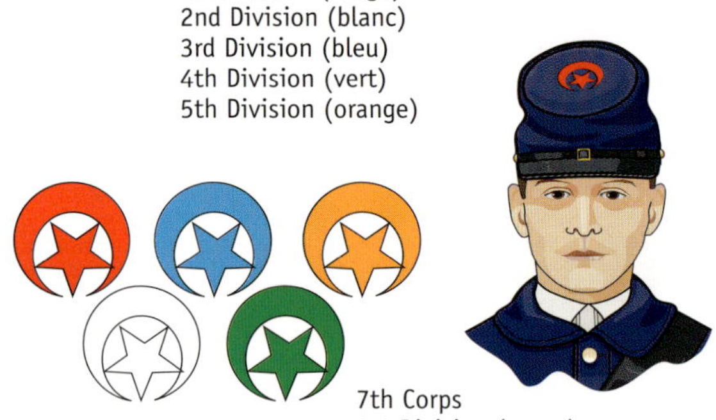

7th Corps
1st Division (rouge)
2nd Division (blanc)
3rd Division (bleu)
4th Division (vert)
5th Division (orange)

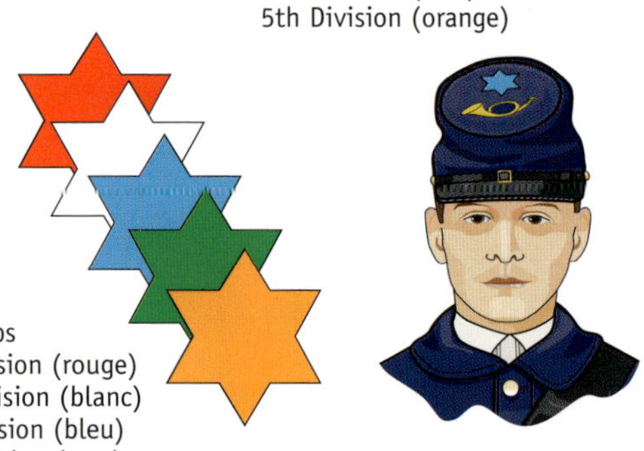

8th Corps
1st Division (rouge)
2nd Division (blanc)
3rd Division (bleu)
4th Division (vert)
5th Division (orange)

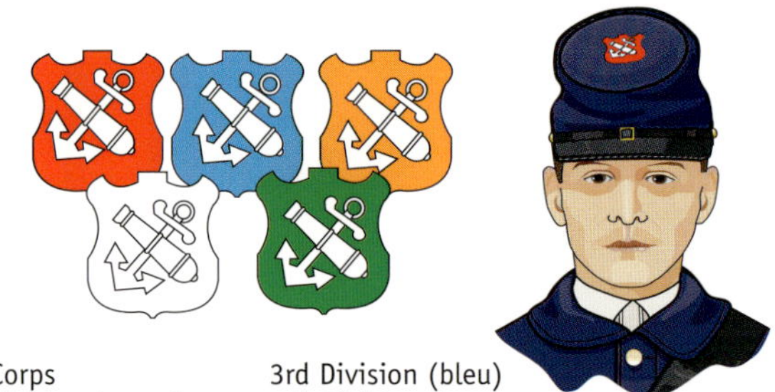

9th Corps
1st Division (rouge)
2nd Division (blanc)
3rd Division (bleu)
4th Division (vert)
5th Division (orange)

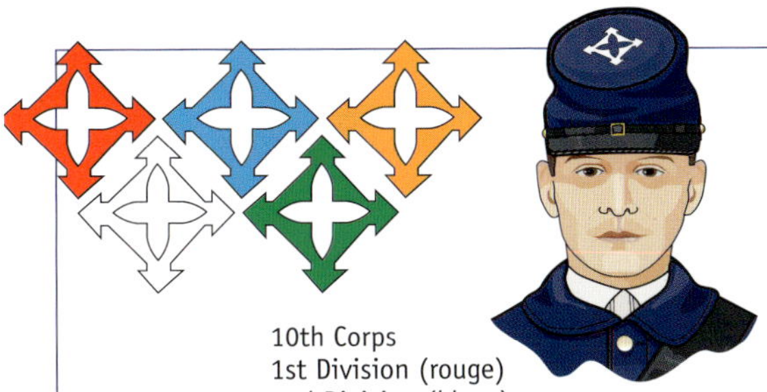

10th Corps
1st Division (rouge)
2nd Division (blanc)
3rd Division (bleu)
4th Division (vert)
5th Division (orange)

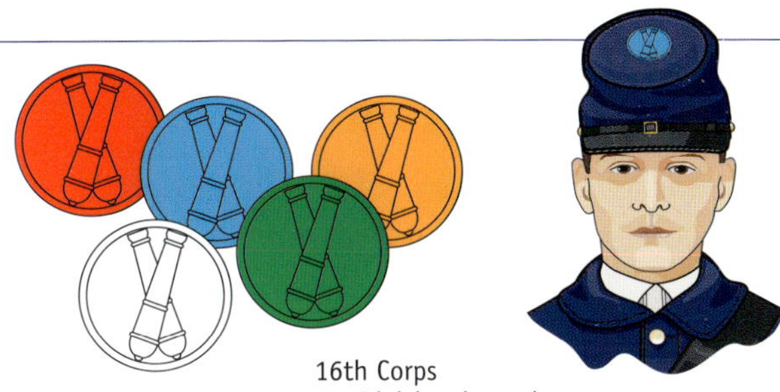

16th Corps
1st Division (rouge)
2nd Division (blanc)
3rd Division (bleu)
4th Division (vert)
5th Division (orange)

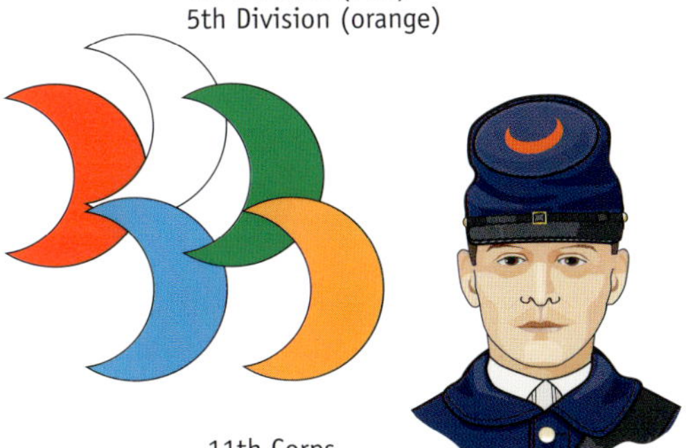

11th Corps
1st Division (rouge)
2nd Division (blanc)
3rd Division (bleu)
4th Division (vert)
5th Division (orange)

17th Corps
1st Division (rouge)
2nd Division (blanc)
3rd Division (bleu)
4th Division (vert)
5th Division (orange)

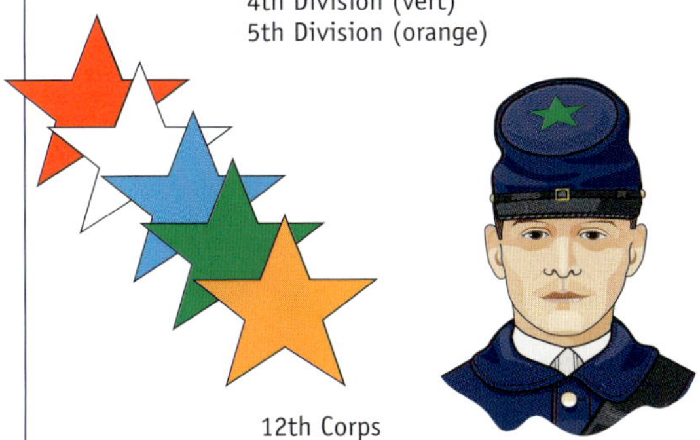

12th Corps
1st Division (rouge)
2nd Division (blanc)
3rd Division (bleu)
4th Division (vert)
5th Division (orange)

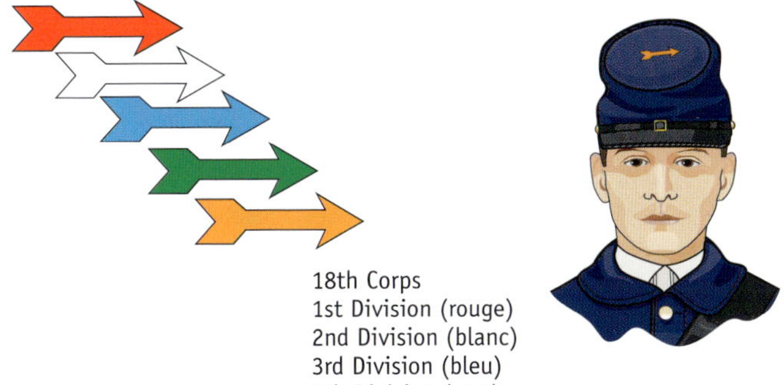

18th Corps
1st Division (rouge)
2nd Division (blanc)
3rd Division (bleu)
4th Division (vert)
5th Division (orange)

Notez qu'il n'y a pas de 13th Corps.

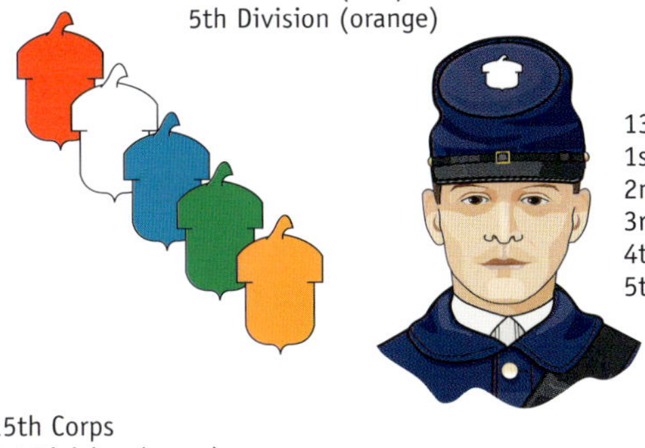

13th Corps
1st Division (rouge)
2nd Division (blanc)
3rd Division (bleu)
4th Division (vert)
5th Division (orange)

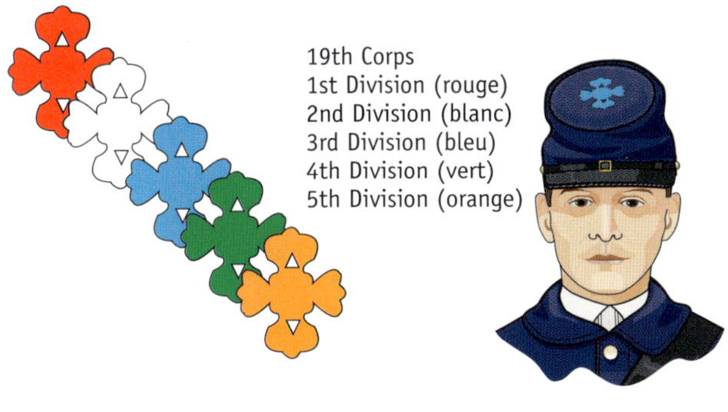

19th Corps
1st Division (rouge)
2nd Division (blanc)
3rd Division (bleu)
4th Division (vert)
5th Division (orange)

15th Corps
1st Division (rouge)
2nd Division (blanc)
3rd Division (bleu)
4th Division (vert)
5th Division (orange)

Les insignes des corps d'armée de l'armée du Potomac

20th Corps
1st Division (rouge)
2nd Division (blanc)
3rd Division (bleu)
4th Division (vert)
5th Division (orange)

Les insignes des corps d'armée de l'armée du Potomac

Brigadier General en petite tenue devant sa tente à l'état-major de sa brigade. Il porte les fortes bottes de cavalerie très à la mode chez les officiers de toutes armes des deux camps.
(Photographie Benjamin B. Brady « Collection of Civil War », NARA, droits réservés)

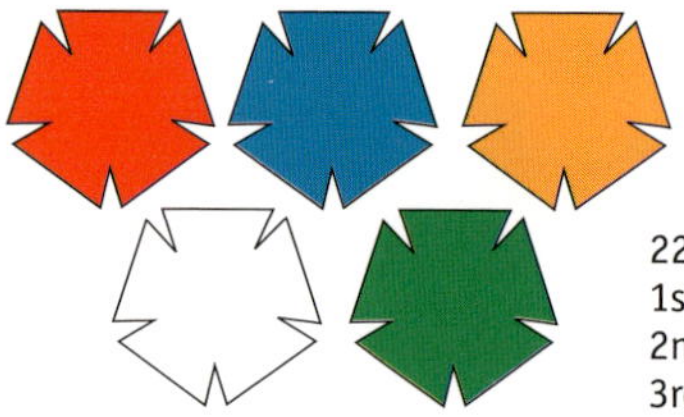

22th Corps
1st Division (rouge)
2nd Division (blanc)
3rd Division (bleu)
4th Division (vert)
5th Division (orange)

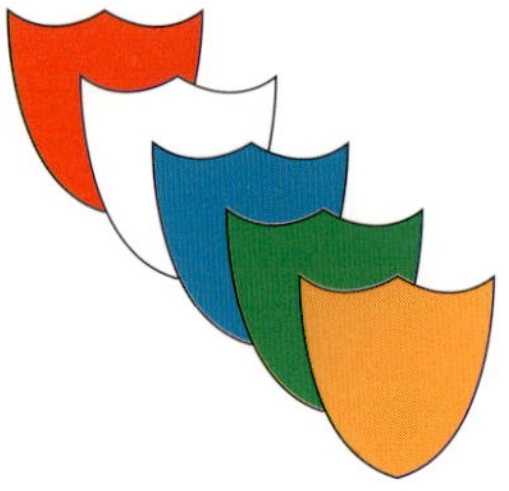

23th Corps
1st Division (rouge)
2nd Division (blanc)
3rd Division (bleu)
4th Division (vert)
5th Division (orange)

24th Corps
1st Division (rouge)
2nd Division (blanc)
3rd Division (bleu)
4th Division (vert)
5th Division (orange)

25th Corps
1st Division (rouge)
2nd Division (blanc)
3rd Division (bleu)
4th Division (vert)
5th Division (orange)

LES INSIGNES DE CORPS D'ARMÉE DE L'ARMÉE DU POTOMAC

En 1863, l'Année du Potomac se dote d'un système d'identification de ses unités organiques d'une étonnante modernité. Alliant la logique à la symbolique simple, cette classification permettait de reconnaître immédiatement, et donc de les situer et de les organiser, les grandes unités de l'armée.

Formes géométriques, couleurs, symboles simples, la codification adoptée ici fait preuve d'un esprit novateur et cartésien exceptionnel pour l'époque. Aucune autre armée du XIXe siècle n'a été aussi loin dans l'organisation de ses troupes. Il faudra attendre la Grande Guerre et les codes adoptés par les Britanniques pour retrouver un tel souci d'identification.
Ces symboles étaient arborés sous la forme de pièces de tissu, ou de feutrine, cousues sur les coiffures ou les vestes des soldats.
On les retrouvait aussi sur les drapeaux de Quartier Général et les fanions de commandement (voir plus avant en pages 6-7).

Les fantassins de l'Union

À l'entrée en guerre, l'infanterie fédérale est constituée de 17 régiments réguliers.

Ces régiments à trois bataillons de huit compagnies chacun ont un effectif réglementaire de 2 400 hommes de troupe, sous officiers et officiers compris (les tableaux des pages 14 et 15 vous donnent un aperçu de la composition de ce type de régiment).

Du régiment de l'Union...

Mais avec la création des régiments de volontaires, levés par les états, les villes ou les particuliers, les pertes, les désertions, les aléas de la guerre, les régiments réguliers, de l'*Old Army*, finissent le conflit comme leurs homologues volontaires avec deux bataillons à 5 compagnies, pour un effectif théorique de 1 000 hommes.

Effectif théorique, en effet, peu de régiments alignent plus de la moitié de leurs hommes lors d'un engagement, dès les premières années du conflit.

Les impératifs ethniques, politiques, mais aussi financiers, du recrutement dans l'armée de l'Union créent des situations exceptionnelles, souvent préjudiciables à la bonne tenue des unités au feu.

Lorsqu'un régiment voit son taux d'attrition grimper, on lève une nouvelle unité plutôt que d'amalgamer les nouvelles recrues aux vétérans survivants.

Un nombre incroyable de régiments d'infanterie seront inscrits sur les rôles de l'armée de l'Union jusqu'en 1865. Pas moins de 1 666 régiments de fantassins ont participé à la guerre civile américaine, auxquels il faut ajouter les 306 compagnies d'infanterie indépendantes.

De l'uniforme...

La couleur distinctive de l'infanterie est traditionnellement le bleu, elle est jaune pour la cavalerie, rouge pour l'artillerie.

L'insigne porté par le fantassin est le cor, on le trouve estampé sur le bouton d'uniforme, brodé sur le képi ou agrafé sur le *Hardee Hat*.

L'uniforme du fantassin nordiste, comme la suite de cet ouvrage le démontre, évolue peu de l'entrée en guerre à la fin du conflit.

Le paquetage de dotation du fantassin se compose principalement du chapeau *(Hardee Hat)* et du képi (*Fatigue* ou *Forage Cap*),

- d'une tunique bleue en laine aux couleurs distinctives *(Frock Coat)*, à une rangée de neuf boutons d'uniforme en cuivre,

- d'une vareuse courte en flanelle (*Sack Coat*),

- d'un gilet bleu à col et à poches,

- d'une chemise de coton de couleur grise, du « type zouave », selon la description faite par le *Quartermaster Corps*,

- d'un pantalon bleu ciel pour la troupe, bleu foncé pour les officiers,

- d'un manteau à rotonde amovible bleu ciel,

- de brodequins,

sans oublier les indispensables chaussettes, caleçons, ceinture, cravate, etc.

Le *Hardee Hat* est vite, à de rares et notables

Ci-dessous.
Une compagnie d'infanterie d'un régiment de volontaires du 3e Corps d'armée de l'armée du Potomac *« On parade »*. Le losange – insigne dévolu à ce corps – de couleur claire (probablement orange), cousu sur le képi, pourrait indiquer une unité de la 5e division. La compagnie, au négligé certain, commandée par un jeune lieutenant moustachu, au premier rang, à gauche, semble avoir perdu bon nombre de ses hommes au combat. *(Photographie Benjamin B. Brady « Collection of Civil War », NARA, droits réservés)*

Ci-dessous.
Les tambours et les fifres – ces derniers tiennent leur instrument sous le bras gauche plié – d'un régiment d'infanterie, en grande tenue, posent devant la tente du forgeron de l'unité.
Un sergent-major, au premier plan, fait office de tambour-major.
(Photographe inconnu, NARA, droits réservés)

exceptions, abandonné au profit du képi, aujourd'hui indissociable de la silhouette du soldat américain de cette époque ; la tunique cède peu à peu, au combat, la place à la vareuse courte à pans arrondis.

Les brodequins voient, pour la première fois dans l'histoire de l'armée américaine, leur tige cousue à la semelle.

La mauvaise qualité des chaussures fut pendant les premières années de la guerre un terrible handicap pour le fantassin du Nord, au même titre que les couvertures s'effilochant ou les tuniques se déchirant au moindre mouvement brusque ; terrible tribut qu'eut à payer le fantassin aux réalités économiques et industrielles des premiers mois de la guerre.

Précisons qu'en grande tenue, le fantassin arbore des épaulettes en cuivre, censées le protéger, au combat, des coups de sabre.

Ces accessoires iront bien vite rejoindre, dans les fossés bordant les routes de Virginie ou du Tennessee, les impedimenta inutiles surchargeant le troupier en campagne.

L'uniforme pratique, comme l'équipement souvent allégé, participe au même titre que l'armement, à la modernité du conflit.

Il suffit de comparer l'aspect du fantassin de l'Union en 1865 à celui du fantassin français de 1870, voire de 1914, pour s'en convaincre.

De l'efficacité industrielle…

Les différentes pièces composant cet uniforme à partir de 1862 sont d'une excellente facture. Le soin apporté à leur confection, les technologies industrielles mises en œuvre, la qualité des matériaux et le savoir-faire des ingénieurs, des ouvriers du textile ou de l'armement, et une solide politique de l'état-major et du gouvernement concourent très vite à faire de *Billy Yank*, l'un des fantassins, pour un temps, le mieux équipé de cette seconde moitié du XIXe siècle.

Les unités de milice qui constituent l'ossature des régiments de volontaires, levés dès l'ouverture des hostilités, sont vêtues des uniformes les plus extravagants, les plus disparates.

Ils reflètent le goût de leurs officiers en matière militaire, succombent à la mode française (zouaves, chasseurs à pied) ou rappellent leurs origines ethniques (écossaises, irlandaises, allemandes ou italiennes), voire leur passé révolutionnaire (certaines milices possèdent encore des pièces d'équipement ou des uniformes entiers datant de la révolution de 1776).

Mais bien vite, lors des amalgames successifs, des remplacements d'unités, des transferts de troupes, ces régiments de volontaires sont do-

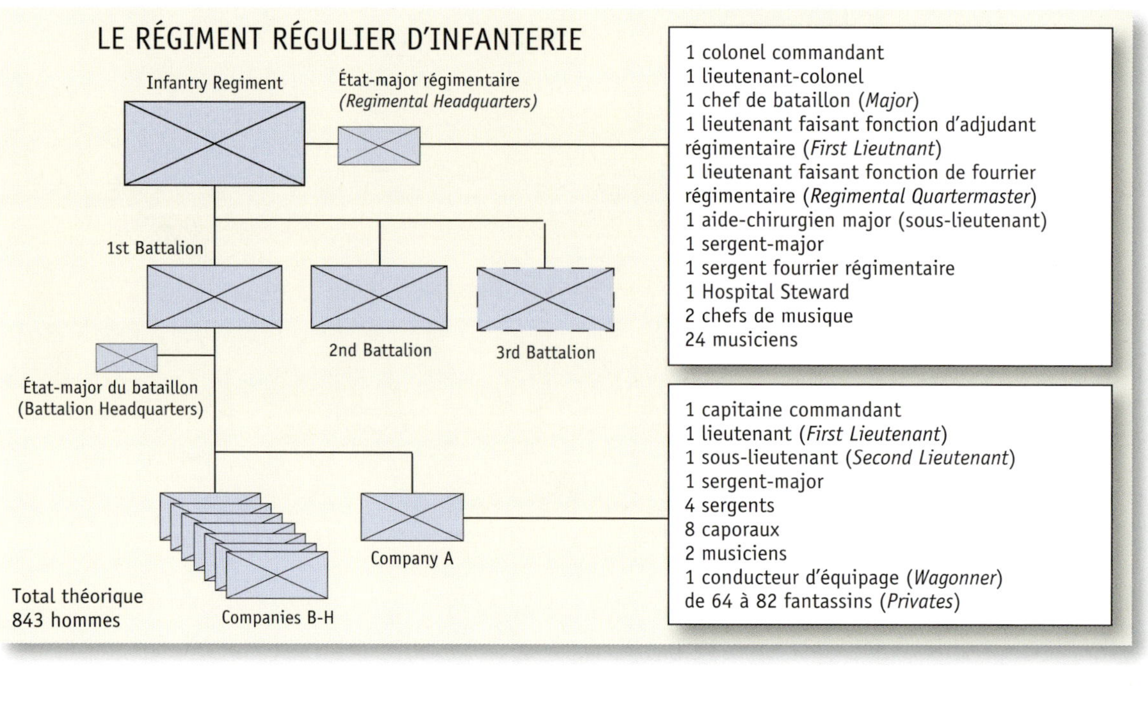

LE RÉGIMENT D'INFANTERIE DE VOLONTAIRES

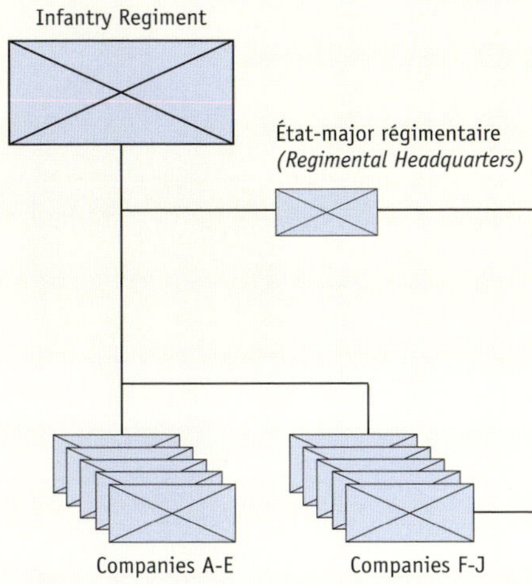

1 colonel commandant
1 lieutenant-colonel
1 chef de bataillon *(Major)*
1 lieutenant faisant fonction d'adjudant régimentaire *(First Lieutnant)*
1 lieutenant faisant fonction de fourrier régimentaire *(Regimental Quartermaster)*
1 aide-chirurgien major *(sous-lieutenant)*
1 sergent-major
1 sergent fourrier régimentaire
1 *Hospital Steward*
2 chefs de musique
24 musiciens

1 capitaine commandant
1 lieutenant *(First Lieutenant)*
1 sous-lieutenant *(Second Lieutenant)*
1 sergent-major
4 sergents
8 caporaux
2 musiciens
1 conducteur d'équipage *(Wagonner)*
de 64 à 82 fantassins *(Privates)*

Total théorique : 1 043 hommes

tés de l'uniforme et de l'équipement standard du fantassin américain, ne conservant que quelques signes distinctifs, propres à l'état de l'Union dont ils sont issus, ou rappelant des habitudes ou des faits d'armes glorieux

Les états, tout d'abord bailleurs de fonds en lieu et place des autorités fédérales, puis le gouvernement, vont rapidement recourir aux solutions les plus simples, les plus logiques : la standardisation des fabrications, l'unification des approvisionnements. De plus, dans l'esprit des troupes se battant pour l'Union, il apparaît logique qu'un maximum de différences soient gommées au profit de l'unité réelle ou fantasmée des états de l'Union.

Les tactiques de base de combat de l'infanterie du Nord, identiques à celles des fantassins de la Confédération, seront abordées dans les derniers chapitres de cet ouvrage.

Ci-dessous.
Le *Private* Arnold, D. W. C. a rejoint l'armée de l'Union au sein d'un régiment de volontaires de son État de résidence, comme quelques dizaines de milliers d'autres jeunes – ou moins jeunes – Américains. Il pose ici pour la postérité, doté de son grand équipement et de guêtrons en mauvais cuir, devant un « canon Napoléon ». *(Photographe inconnu, NARA, droits réservés)*

Officier d'infanterie,
détaché à l'état-major.

Officier d'infanterie,
détaché à l'état-major.

Colonel d'état-major.

Les officiers d'infanterie

Officier d'infanterie,
monté.

Officier d'infanterie
en tenue de service.

Marques de grade.

Colonel.

Lieutenant-colonel.

Commandant.

Capitaine.

Lieutenant.

Sous-Lieutenant.

Officier en tenue de service.

Officier d'infanterie, monté.

Officier en manteau à rotonde.

Les officiers d'infanterie

Officier d'infanterie, monté.

Officiers d'infanterie en tenue de campagne.

L'uniforme du fantassin

Les fantassins de l'Union

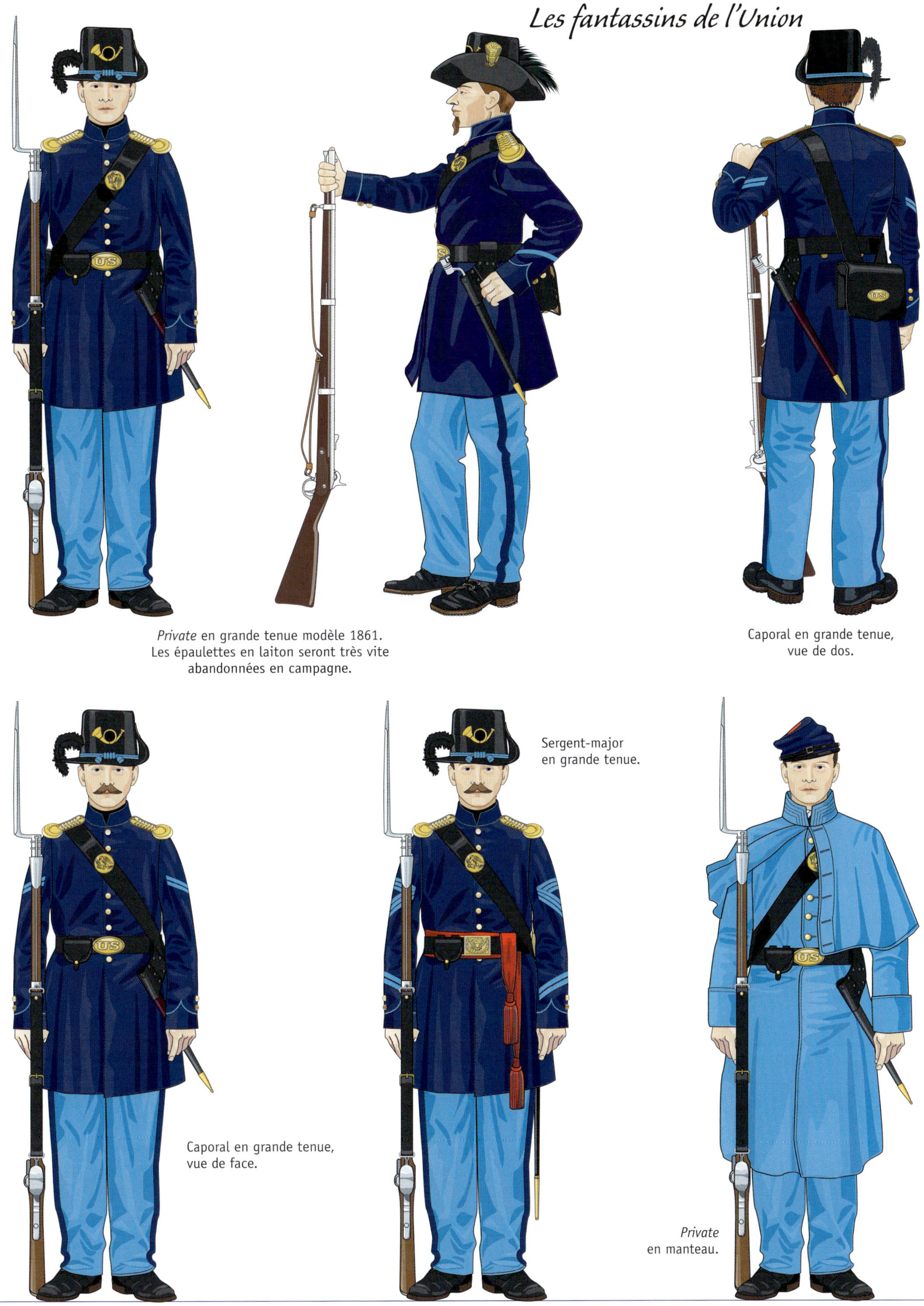

Private en grande tenue modèle 1861. Les épaulettes en laiton seront très vite abandonnées en campagne.

Caporal en grande tenue, vue de dos.

Sergent-major en grande tenue.

Caporal en grande tenue, vue de face.

Private en manteau.

Soldat en tenue
de service ordinaire.

Soldat des « Buck tails »
en tenue de service ordinaire.

Soldat en tenue
de service.

Les fantassins en tenue de service

Private doté de son
équipement complet.

Soldat en tenue de campagne
où le pantalon rouge
a remplacé
le pantalon bleu ciel.

Avec équipement allégé.

Clairon d'infanterie
en grande tenue.

Les marques de grade de l'infanterie

Private. *Corporal.* *Sergeant.* *First Sergeant.*

Nous n'avons pas traduit les grades dans la mesure où certains n'ont pas d'équivalent en français.

Ordnance Sergeant. *Company Quartermaster Sergeant.* *Sergeant-Major.* *Regimental Quartermaster Sergeant.*

Les fantassins en tenue de campagne

Soldat en tenue de campagne, vues de face et de dos.

Caporal en veste.

Soldat du *56th Regiment « Coloured troops »* en tenue de campagne et en manteau. À noter que, dans l'Armée de l'Union, les soldats noirs formaient des régiments indépendants des autres formations.

En veste.

En manteau.

Caporal en tenue de campement.

Tambour-major.

Fifre.

Tambour.

Musiciens et fantassins

Avec équipement complet.

Caporal en tenue de campagne.

Avec équipement allégé.

Képi ou *Forage cap*, vues de face et de profil.

« *Bummer* », surnom du képi et veste à quatre boutons et pans arrondis.

Les fantassins en tenue de campagne

Soldat de l'Armée
du Tennessee,
en tenue de campement,
avec une couverture
indienne en sautoir.

Soldat en tenue
de campement.

Sergent porte-fanion de l'EM
de la 3e Division du XXIVe corps
de l'Armée du Potomac.

Soldat du *83rd
Pennsylvania Infantry*
Regiment en tenue
« à la chasseur ».
La grande tenue
est la copie de l'uniforme
des chasseurs
de la Garde impériale
de Napoléon III.
Il porte un bonnet
de police de forme
et d'agréments
français.

Soldat du *62nd Pennsylvania infantry Regiment*
en tenue « à la chasseur », d'inspiration française.
La grande tenue est la copie de l'uniforme
des chasseurs à pied de la Garde de Napoléon III.

Caporal des *Berdan Sharpshooters* (tireur d'élite).

Private des *Berdan Sharpshooters* (tireur d'élite).

Officier des *Sharpshooters* (tireur d'élite).

Les Berdan Sharpshooters

Le *1st United States Sharpshooters*, régiment créé en 1861, sert dans l'armée de l'Union lors de la Guerre de Sécession. Il se distingue particulièrement lors des batailles de Gettysburg, Yorktown ou Petersburg. Chaque recrue doit réussir un test de précision consistant à placer dix tirs dans une cible de 25 cm de diamètre, à 200 m de distance, afin d'être incorporé dans le régiment. Ce dernier est surnommé *Berdan Sharpshooters* du nom de son créateur, Hiram C. Berdan.

Private des *Sharpshooters* (tireur d'élite).

Private des *Sharpshooters* en manteau avec un fusil Wesson doté d'une impressionnante lunette de visée.

First Sergeant des *Sharpshooters*.

Les Berdan Sharpshooters

Avant même que les États-Unis ne soient coupés en deux par la Guerre de Sécession, Berdan est déjà célèbre pour ses capacités de tireur d'élite.

Son talent lui vaut d'être reconnu comme le meilleur tireur du pays… et pas seulement sur cibles. Il est, de plus, l'inventeur d'un fusil à répétition et d'une balle de fusil révolutionnaire.

Quand la guerre éclate, l'armée de l'Union recrute rapidement Berdan pour créer et commander les *1st* et *2nd US Sharpshooters*. Les deux régiments de tireurs d'élite de Berdan ont prouvé leur grande utilité lors des batailles de Shepherdstown et de Gettysburg.

Ses régiments de tireurs d'élite, capables de ralentir les attaques confédérées, décapitant les états-majors et les unités, ont grandement contribué à la victoire finale de l'Union.

Sharpshooter en tenue de campagne.

Tunique, les galons peuvent être vert pâle, bleu ciel ou blanc.

Colonel.

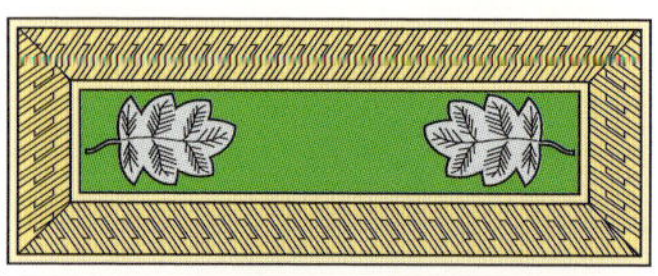

Lieutenant-colonel

Commandant (*Major*).

Capitaine.

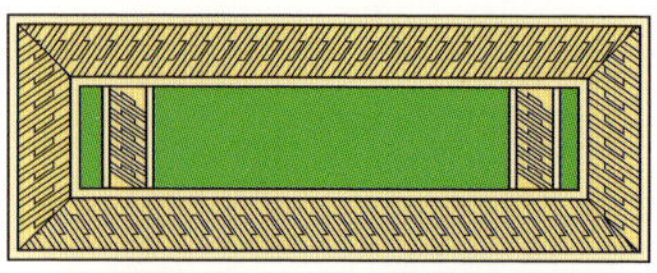

Lieutenant.

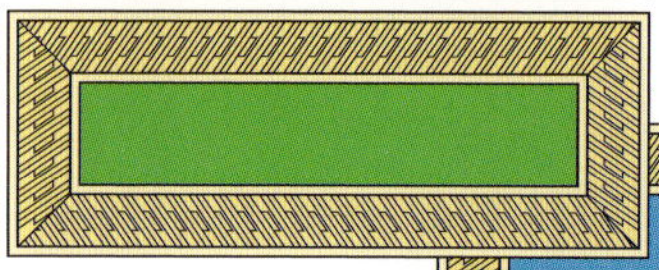

Sous-lieutenant.

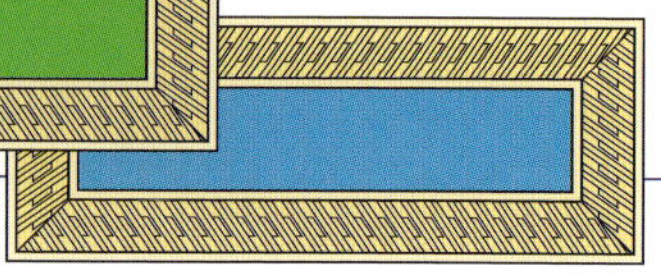

Variante de couleurs de fond.

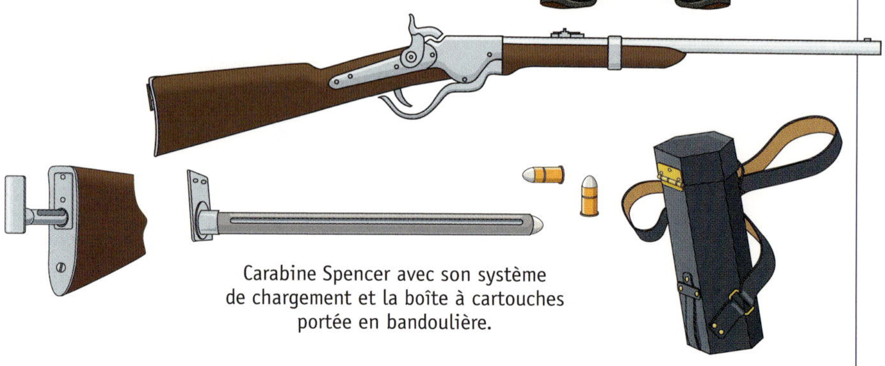

Carabine Spencer avec son système de chargement et la boîte à cartouches portée en bandoulière.

La guerre finie, Berdan reprend sa carrière d'ingénieur et d'inventeur visionnaire et crée de nombreux matériels, parfois farfelus, comme un bateau torpille, un télémètre ou un canon sous-marin.

Les Berdan Sharpshooters

Officier.

Sergent.

Caporal.

Sharpshooters en tenue de campagne.

Private en tenue de campagne
et paquetage complet.
Il porte un « slouch »
civil en guise de coiffure.

Private en tenue verte
et paquetage allégé

Seul le *Forage cap* est de couleur verte.
Le reste de l'uniforme est celui
de l'infanterie régulière.

Private.

Le corps des vétérans

Private, en veste,
corps des vétérans.

Private
en tenue de campagne.

Caporal *1st Class*,
en veste,
corps des vétérans.

Sergent en veste,
corps des vétérans.

Officier,
Corps des vétérans.

Musicien du corps
des vétérans.

L'Iron Brigade

Private en tenue de campagne de l'*Iron brigade* .

Private en tenue de campagne, *Iron brigade* (Brigade de fer).

L'*Iron brigade* comprend : Les *2nd, 6th, 7th Wisconsin Infantry Regiment, 24th Michigan Infantry* et *19th Indiana Infantry Regiment*.

Vue de face.

Vue de dos.

Private en tenue de campagne, *Iron brigade* .

Private en manteau.

First Sergeant.

La tenue de campagne

Tambour.

Sergent porte-drapeau.

Officier en tenue de campagne.

Colonel commandant un régiment d'infanterie.

Private
en grande tenue.

Sergeant Quartermaster.

Sergeant Major.

Le Marine Corps

Tambour.

Officier.

Officier en tenue de toile.

Les fantassins d'un régiment d'infanterie
de l'Union au repos après l'exercice.
La photographie a été prise près
de Petersburg, au sud de la ville,
en Virginie, probablement durant l'été 1864,
lors de la première phase du siège de la ville.
Cette opération est menée par l'Armée du
Potomac sous les ordres du *Major General* Meade.
(Photographe inconnu, NARA, droits réservés)

Les tenues de campagne du Marine Corps

Private en tenue de service.

Officier.

Officier en veste.

Sergent en tenue de campagne en été.

Caporal en tenue de campagne en été.

Caporal en tenue de campagne en hiver.

Private en tenue de campagne en été. Le *Forage cap* est recouvert d'un couvre-képi de toile.

Sergent de la *New-York City Guard*.

Officier du *5th Volunteers Infantry Regiment*.

Sergent porte-drapeau du *5th Volunteers Regiment Infantry*.

Les volontaires de l'état New-York

Private du *6th Volunteers Infantry Regiment*.

Sapeur du *8th Volunteers Infantry Regiment*.

Les volontaires de New-York City

9th NYC Infantry Regiment,
ex-*Hawkins Zouaves.*

Officier du *9th NYC Infantry Regiment,* ex-*Hawkins Zouaves.*

Private du *9th NYC Infantry Regiment,* ex-*Hawkins Zouaves.*

11th NYC Infantry Regiment.

Private
en sarouel bleu.

Private
en sarouel rouge.

Caporal du *16th NYC Infantry Regiment.*

Les volontaires de New-York City

Corporal du *20th NYC Infantry Regiment*.

Private du *41th NYC Infantry Regiment*.

Private du *44th NYC Infantry Regiment*.

55th NYC Infantry Regiment.

Corporal du *44th NYC Infantry Regiment*.

Private, en tenue de campagne complète.

Officier.

Les volontaires de New-York City

8th NYC Volunteers
Infantry Regiment.

9th NYC Volunteers
Infantry Regiment.

Caporal 10th NYC Volunteers
Infantry Regiment.

Les volontaires de New-York City

10th NYC Volunteers
Infantry Regiment.

Officier du 11th NYC
Volunteers Infantry Regiment.

Fantassin du 11th NYC
Volunteers Infantry Regiment.

Les volontaires de New-York City

Caporal du *33rd NYC Volunteers Infantry Regiment*.

Private du *39th NYC Volunteers Infantry Regiment*.

Sergent porte-drapeau *39th NYC Volunteers Infantry Regiment*.

Private du *69th NYC Volunteers Infantry Regiment*.

Officier du *69th NYC Volunteers Infantry Regiment*.

Officier du *39th NYC Volunteers Infantry Regiment*.

Les volontaires de NYC

Sergent porte-drapeau du *69th NYC Volunteers Infantry Regiment.*

Officier du *79th NYC Volunteers Infantry Regiment.*

Private du *79th NYC Volunteers Infantry Regiment.*

Sergent du *79th NYC Volunteers Infantry Regiment.*

New York Militia.

Private du 165th NYC Volunteers Infantry Regiment.

Les volontaires de New-York

12th Sate Militia of New York.
Les volontaires de New-York
Tambour.
Private.
First Sergeant.
Tambour-major.
12th State Militia of New York.
71st State Militia of New York.
22nd State Militia of New York.
Grande tenue.
71st State Militia of New York.

Les volontaires de New-York City

Privates du *14th Brooklyn Regiment*.

Caporal du *14th Brooklyn Regiment*.

Officier.

First Sergeant porte-fanion du *14th Brooklin Regiment*.

Tambour.

Les volontaires de Pennsylvanie

American Guard.

1st Reserve Regiment of Pennsylvania.

First City Zouave.

23rd Pennsylvania Infantry Regiment, ex « Birney 's Zouaves ».

First Sergeant, 23rd Pennsylvania Infantry Regiment.

42nd Pennsylvania volunteers Infantry Regiment.

Les volontaires de Pennsylvanie

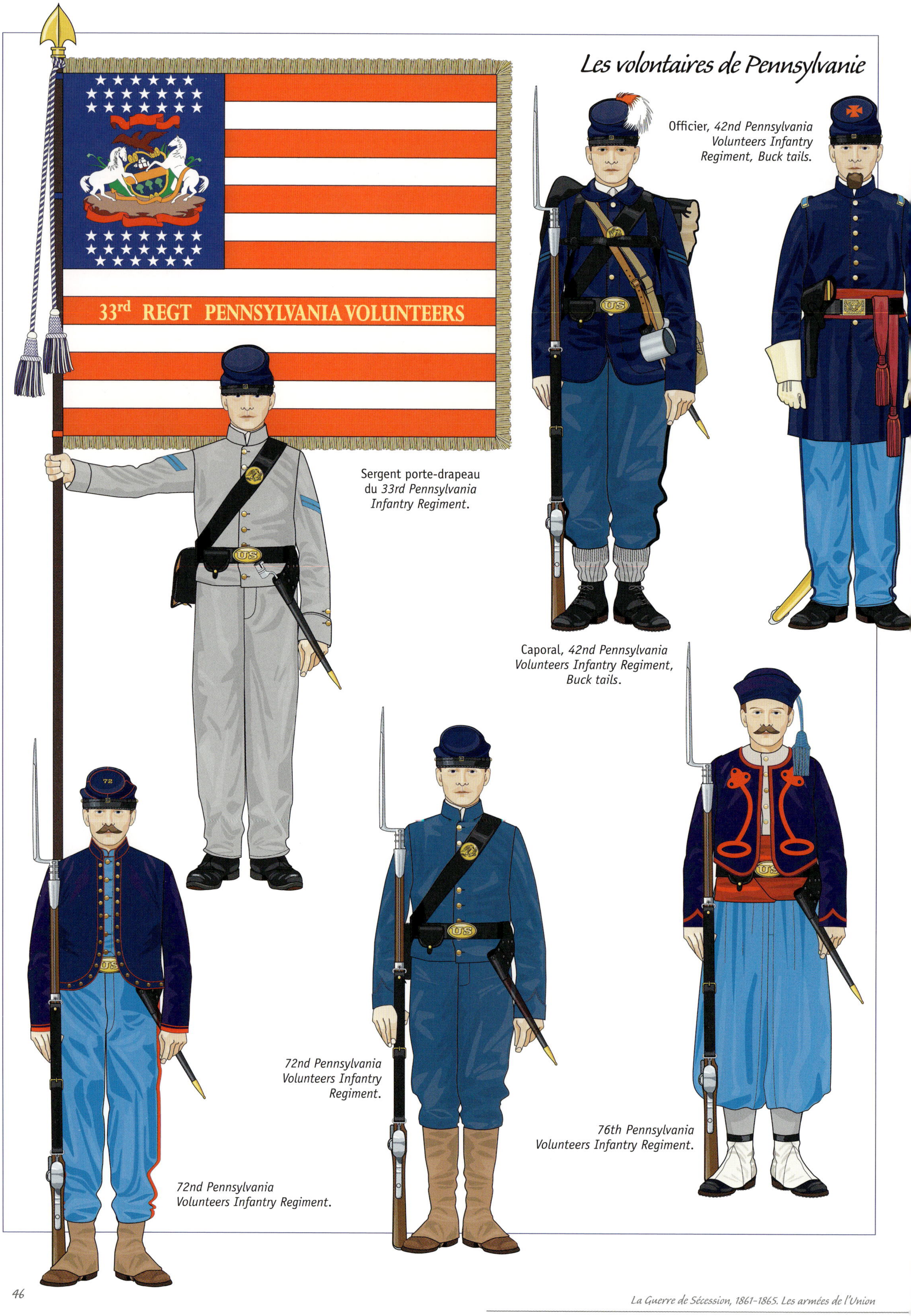

Officier, *42nd Pennsylvania Volunteers Infantry Regiment, Buck tails.*

Sergent porte-drapeau du *33rd Pennsylvania Infantry Regiment.*

Caporal, *42nd Pennsylvania Volunteers Infantry Regiment, Buck tails.*

72nd Pennsylvania Volunteers Infantry Regiment.

76th Pennsylvania Volunteers Infantry Regiment.

72nd Pennsylvania Volunteers Infantry Regiment.

Les volontaires de Pennsylvanie

Caporal *95th Pennsylvania Infantry Regiment.*

109th Pennsylvania Infantry Regiment.

Caporal *114th Pennsylvania Infantry Regiment.*

Sergent *155th Pennsylvania Infantry Regiment.*

Officier du *155th Pennsylvania Infantry Regiment.*

Tireur d'élite du *203rd Pennsylvania Infantry regiment, « Birney Sharpshooters ».*

Private du 10th Indiana Volunteers Infantry Regiment.

11th Indiana Volunteers Infantry Regiment.

Les volontaires de l'Indiana

Officier du 11th Indiana Volunteers Infantry Regiment.

First Sergeant du 11th Indiana Volunteers Infantry Regiment.

12th Indiana Volunteers Infantry Regiment.

Autres volontaires de la Nouvelle-Angleterre

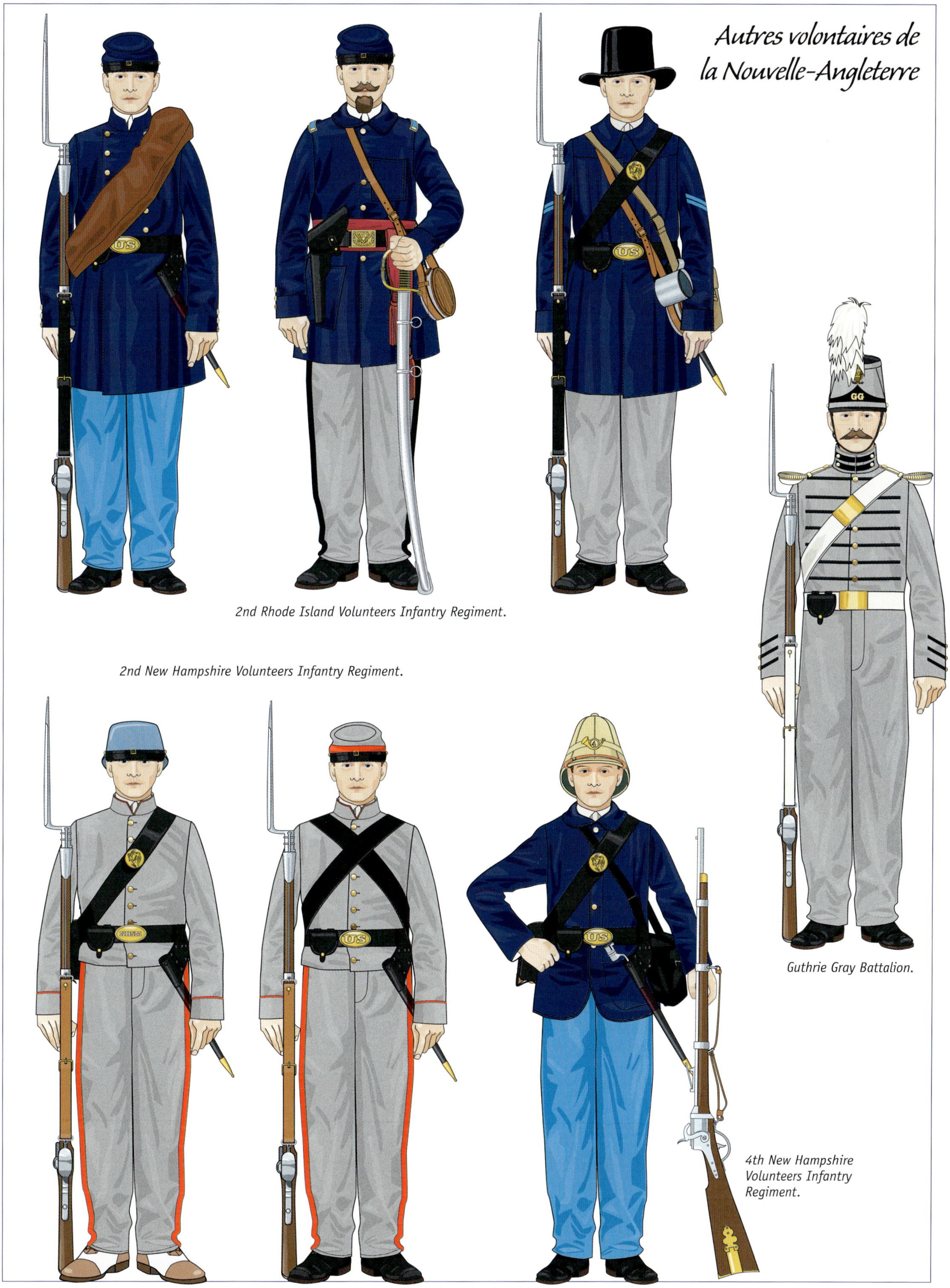

2nd Rhode Island Volunteers Infantry Regiment.

2nd New Hampshire Volunteers Infantry Regiment.

Guthrie Gray Battalion.

4th New Hampshire Volunteers Infantry Regiment.

Les volontaires de la Nouvelle-Angleterre

Governor's Foot Guard, 1st Company.

Officier de la *Putnam Phalanx.*

1st Connecticut Militia.

Ellsworth Cadet.

1st Massachusetts Militia.

Caporal des *Salem Zouaves.*

Ces fantassins d'un régiment d'infanterie de l'Union posent dans une tranchée avant l'assaut. La photographie a été prise face à Petersburg, probablement durant l'hiver 1864-1865, lors de la seconde phase du siège de la ville. Les deux hommes, au premier plan, ont recouvert leur képi d'une toile caoutchoutée, probablement de la gutta-percha. Les rigueurs de la guerre de siège ont creusé les traits des fantassins.
(Benjamin B. Brady, « Collection of Civil War », NARA, droits réservés)

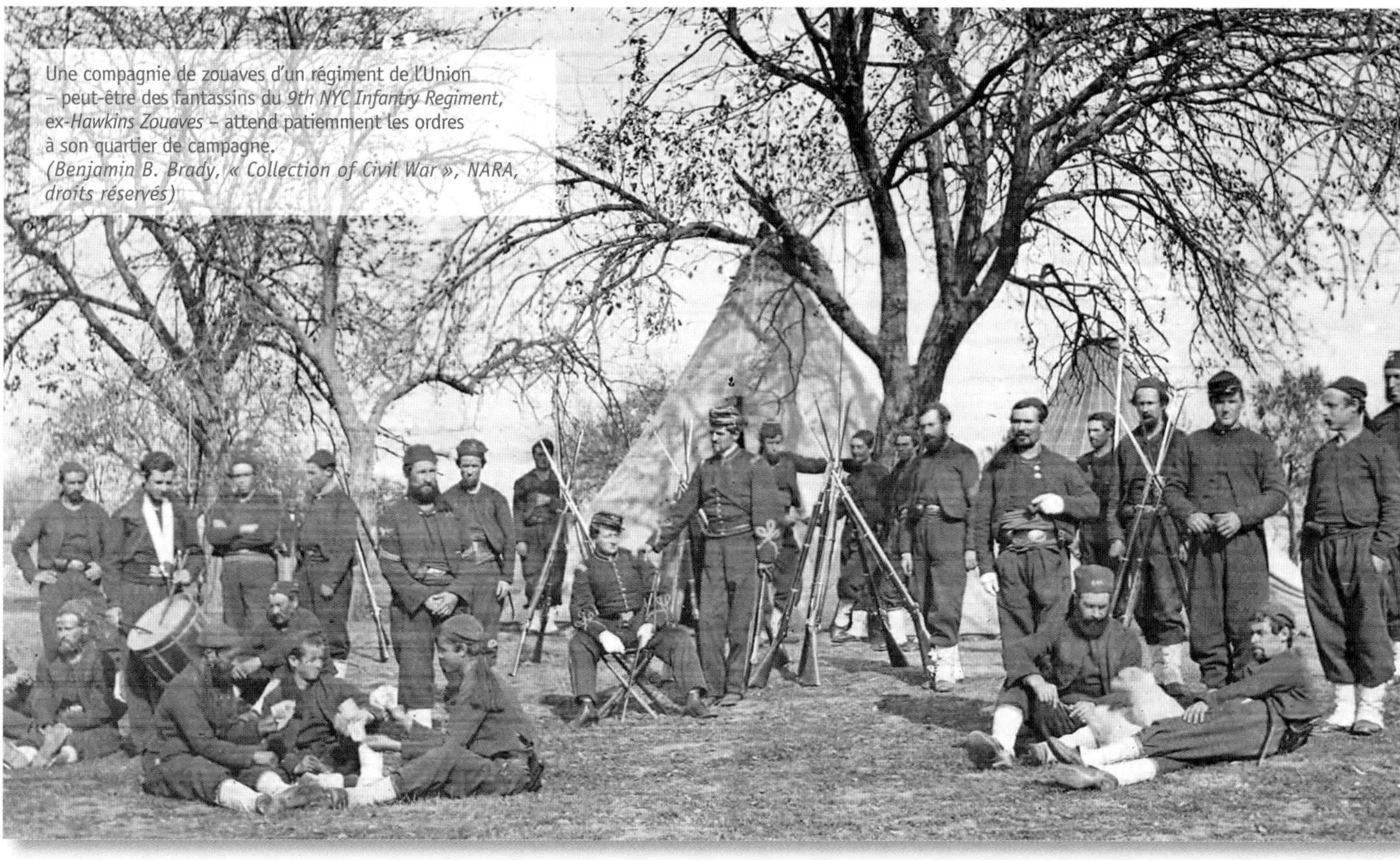

Une compagnie de zouaves d'un régiment de l'Union – peut-être des fantassins du *9th NYC Infantry Regiment*, ex-*Hawkins Zouaves* – attend patiemment les ordres à son quartier de campagne.
(Benjamin B. Brady, « Collection of Civil War », NARA, droits réservés)

L'artillerie de l'Union

L'artillerie est organisée en artillerie lourde *(Heavy Artillery)* et artillerie de campagne *(Field Artillery)*, elle-même subdivisée en artillerie montée et artillerie à cheval.

La tendance au cours de la Guerre civile fut de concentrer l'appui-feu au niveau d'une division d'infanterie, ou de cavalerie, à l'aide de plusieurs batteries réunies au sein d'une brigade d'artillerie, sous le commandement d'un officier supérieur.

À cela s'ajoute un second corps d'artillerie, dit « de réserve », sous le commandement d'un officier général.

L'armée de l'Union possède, au début du conflit, cinq régiments d'artillerie et 19 batteries indépendantes. Durant la guerre, elle voit la création de 52 régiments de volontaires, 22 compagnies et 1 647 batteries de volontaires pour être réorganisée en 78 régiments et deux compagnies d'artillerie.

Afin de répondre au besoin de mobilité de l'artillerie, bon nombre de régiments d'artillerie lourde sont transformés en unités d'artillerie de campagne et certains régiments d'infanterie seront, eux aussi, transformés en régiments d'artillerie.

Le matériel utilisé se divise en quatre grandes catégories :

- les canons de campagne,
- les obusiers, dont l'ensemble est monté sur des affûts et des trains interchangeables pour au moins sept types de tubes,
- les mortiers, dont certains gros calibres, sont montés directement sur des plates-formes de wagons,
- les pièces de forteresses et de défenses côtières.

L'artillerie de garnison est habillée comme l'infanterie et se distingue par la couleur rouge des passepoils du pantalon et du cordon natté du chapeau. Elle possède, de plus, un insigne spécifique porté sur la coiffure.

L'artillerie de campagne est habillée comme la cavalerie. Elle conserve, toutefois, en grande tenue, son shako bleu foncé à plumet en « saule pleureur ».

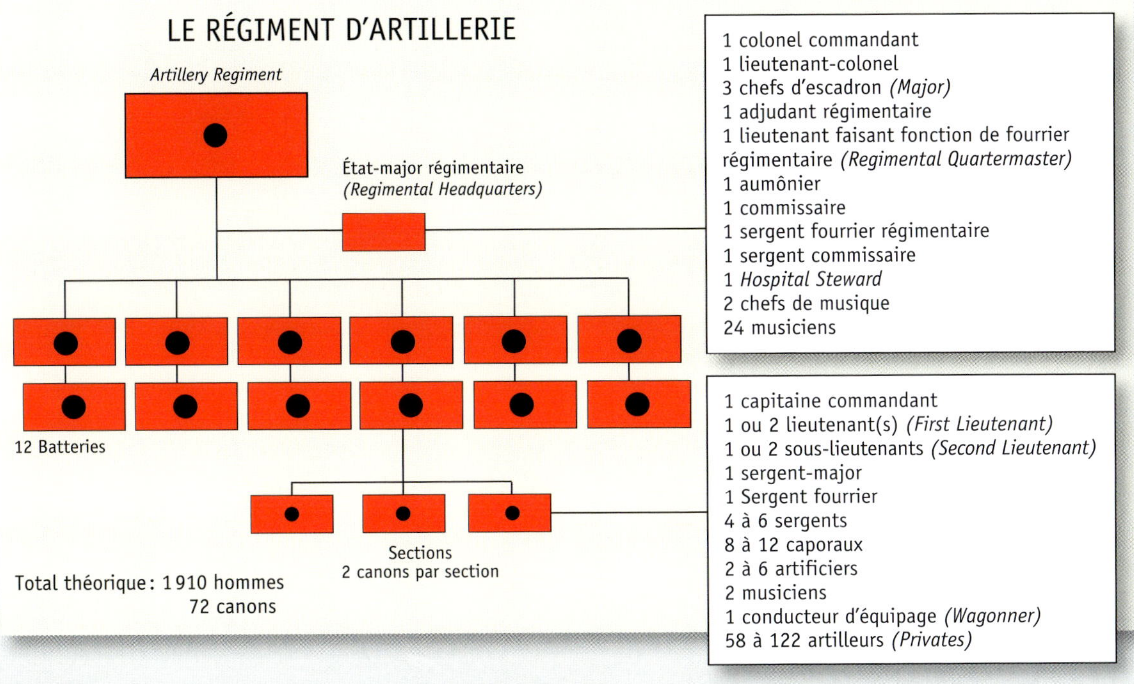

La batterie « G » du capitaine Ringold, presque au grand complet, en 1864. Caissons, avant-trains, canons, servants, conducteurs, artificiers, sous-officiers, officiers. C'est avec ce type d'image que l'on se rend bien compte de la masse de matériels mis en œuvre par une simple batterie à trois sections de deux canons... *(Photographe inconnu, NARA, droits réservés)*

Un obusier de siège sur sa plateforme de tir. Les servants sont à l'arrière-plan, assis sur les boulets de pierre, et les officiers – panachant tenue civile et effets militaires – commandant la batterie, posent au premier plan, devant l'imposante pièce à feu. *(photographie de Benjamin B. Brady, « Collection of Civil War », NARA, droits réservés)*

LE RÉGIMENT D'ARTILLERIE À CHEVAL

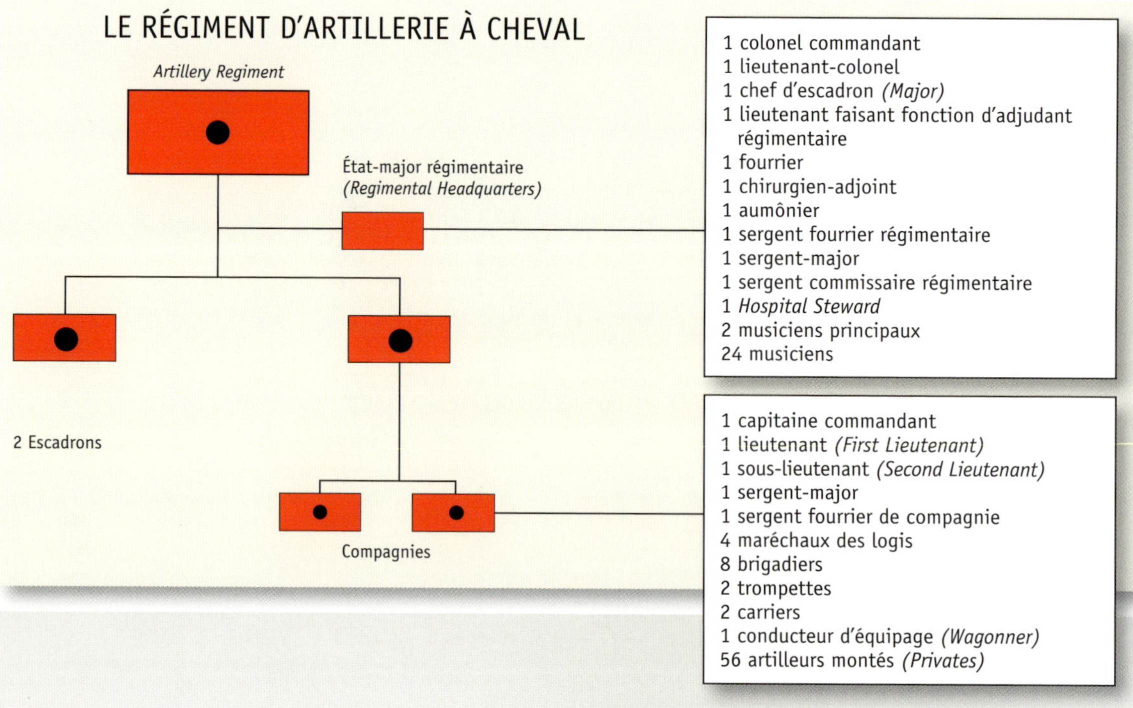

Les artilleurs

Sergent-major de l'artillerie
en grande tenue.

Caporal d'artillerie à pied
en tenue de servant.

Servant de pièce
d'artillerie.

Artilleur
en manteau.

Artilleur
de la 2e batterie
du Massachusetts.

Officier d'artillerie
en tenue de campagne.

L'uniforme et l'équipement de l'artillerie

Les musiciens et les officiers

Chef de musique. Il porte le shako de l'artillerie montée.

Tambour.

Fifre.

Sergent d'un régiment de couleur.

Officiers.

L'artillerie montée

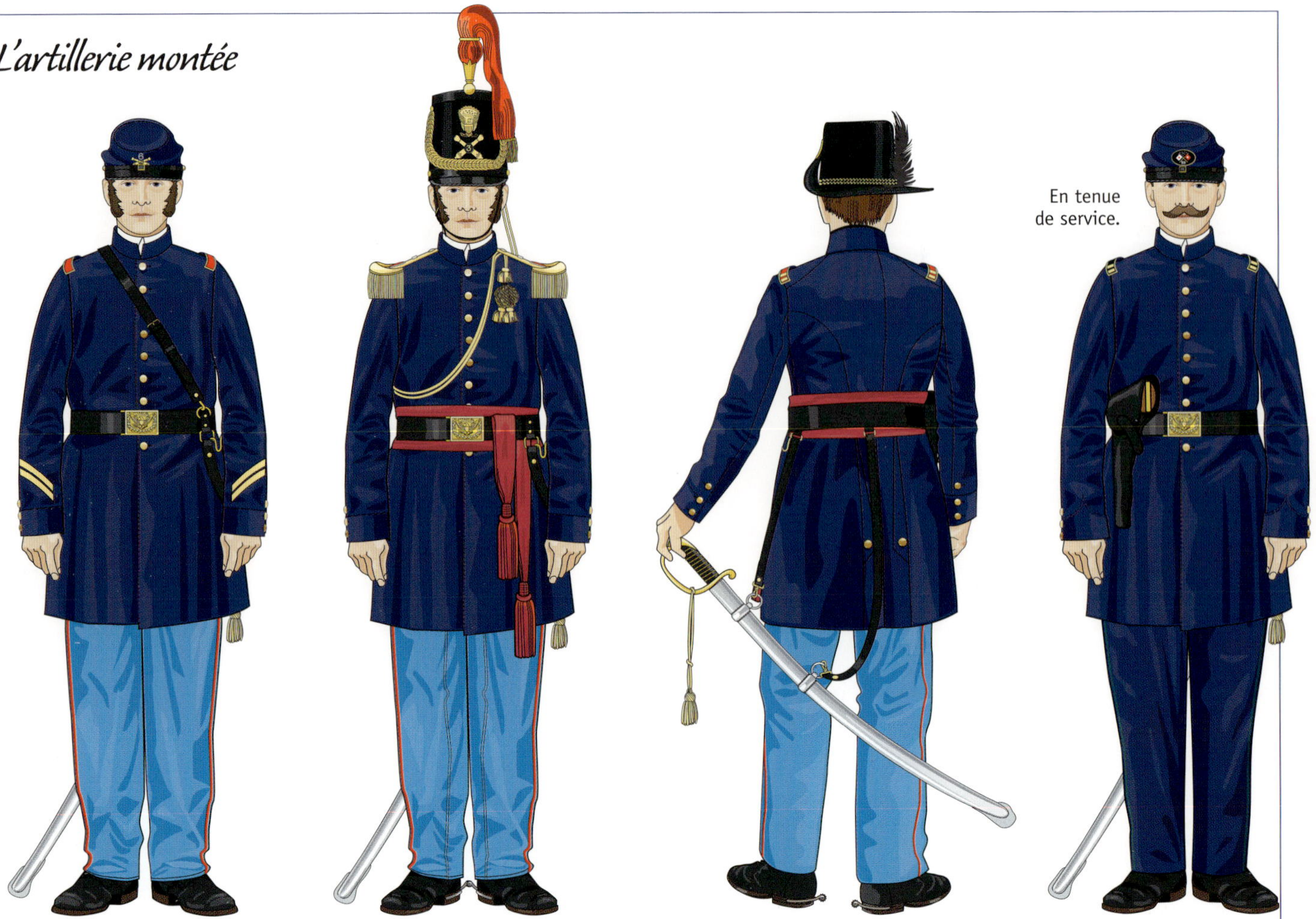

En tenue de service.

Officier de l'artillerie montée en grande tenue avec shako.

En grande tenue avec *Hardee Hat*.

En tenue de service.

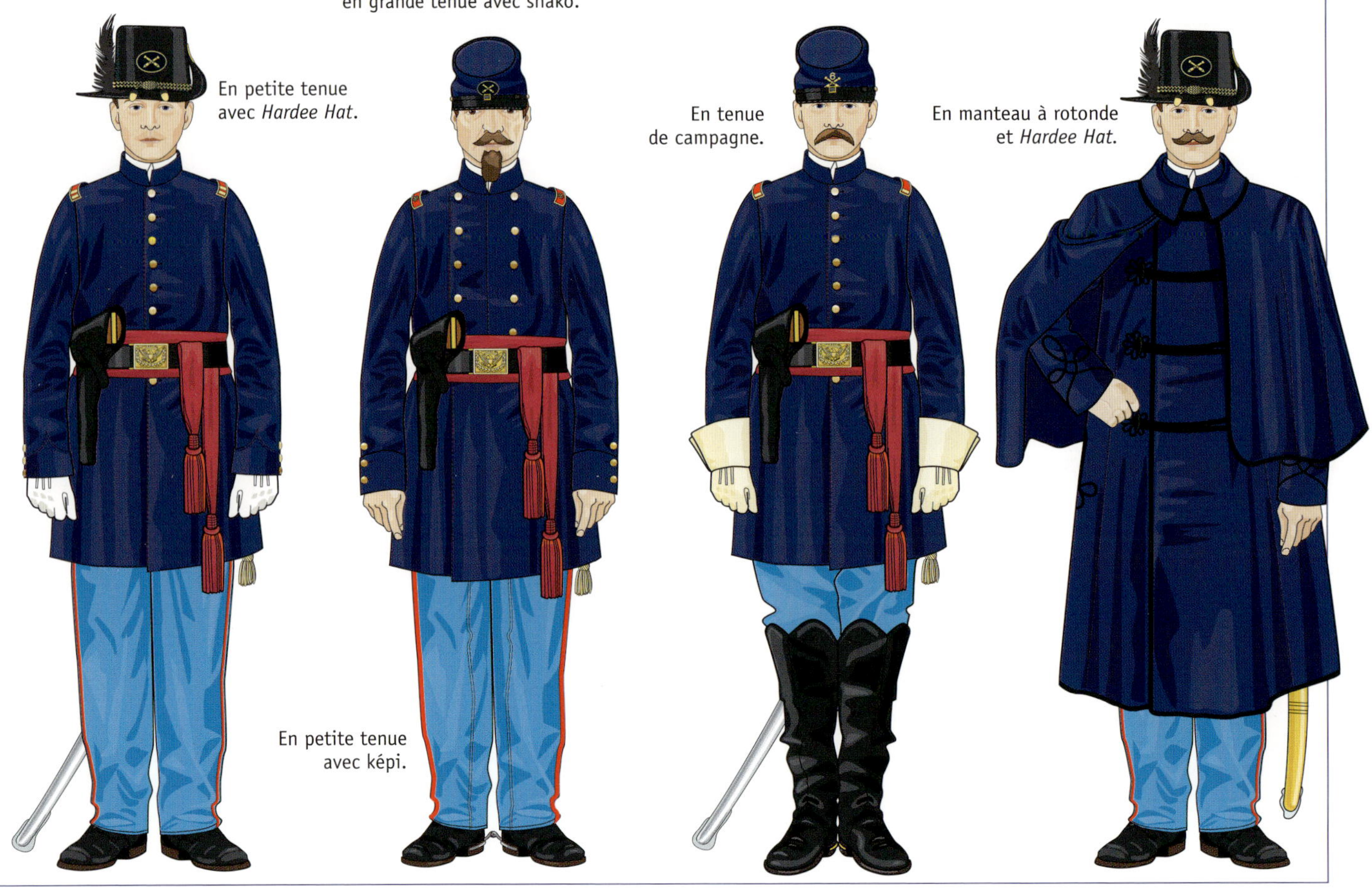

En petite tenue avec *Hardee Hat*.

En petite tenue avec képi.

En tenue de campagne.

En manteau à rotonde et *Hardee Hat*.

Les marques de grade dans l'artillerie

Private.
Nous n'avons pas traduit les grades dans la mesure où certains n'ont pas d'équivalent en français.

Corporal. *Sergeant.* *First Sergeant.*

Ordnance Sergeant. *Company Quartermaster Sergeant.* *Sergeant-Major.* *Regimental Quartermaster Sergeant.*

Les officiers

Bidon en bois.

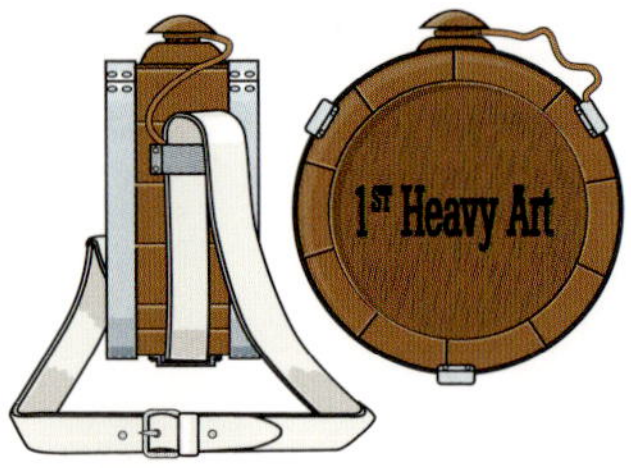

Épaulette d'officier.

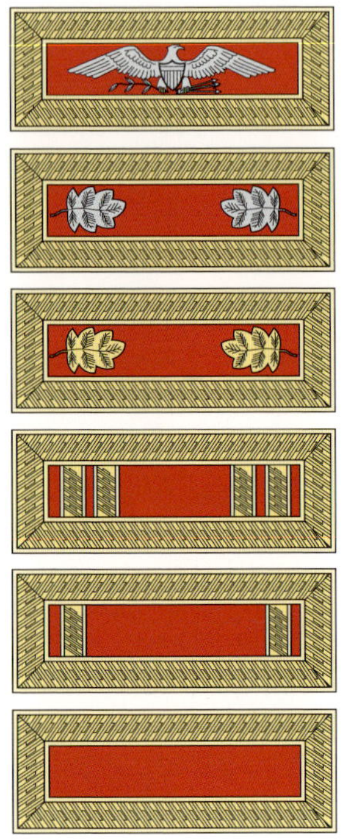

Colonel.

Lieutenant-colonel.

Commandant (*Major*).

Capitaine.

Lieutenant (*First Lieutant*).

Sous-lieutenant.

Sacoche de cuir et giberne contenant les mèches d'allumage.

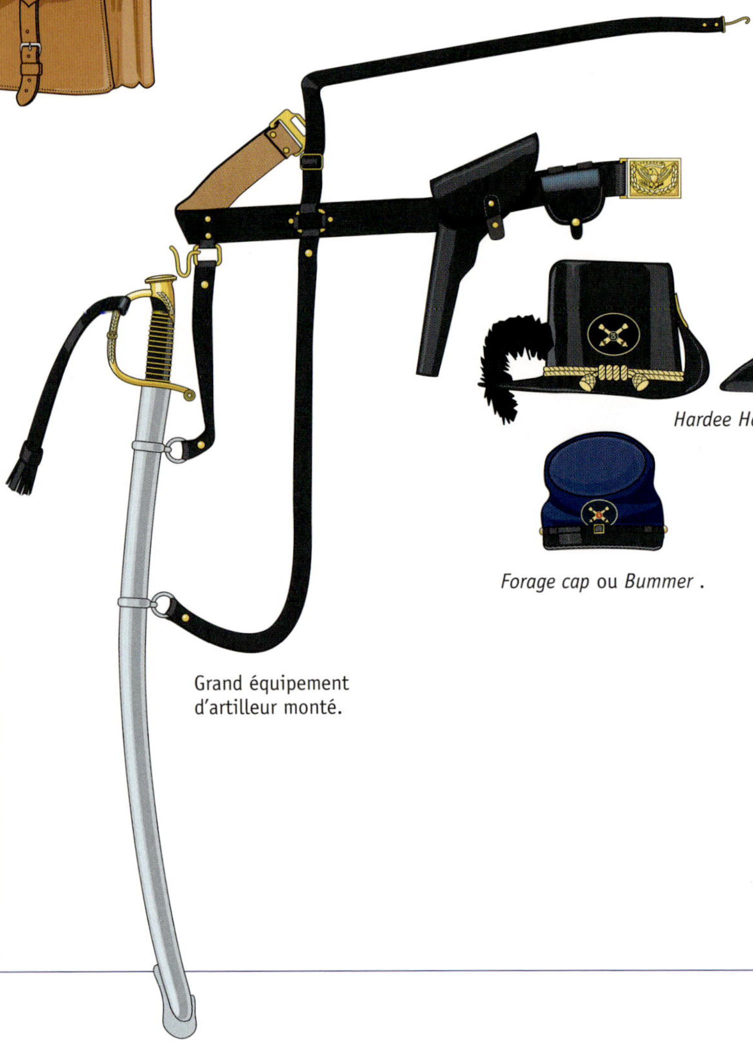

Grand équipement d'artilleur monté.

Hardee Hat.

Forage cap ou *Bummer* .

Sacoche d'officier.

Étui et paire de jumelles.

l'artillerie montée

Artillerie légère
ou artillerie montée.

Caporal artillerie montée.

Trompette.

Sergent en *Shell Jacket*.

Private
en manteau.

Private
en Shell Jacket.

Officiers.

Les drapeaux et guidons de l'artillerie

Officiers en tenue de campagne.

4e batterie de campagne du Massachusetts.

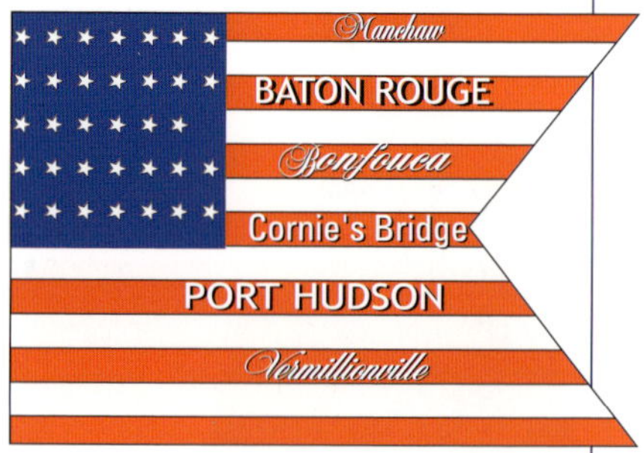

Revers du drapeau du 5e régiment d'artillerie « C », cette lettre signifiant *Coloured*. Il s'agit d'un régiment composé d'Afro-Américains.

11e batterie de l'Ohio, « *Sand Company* », du nom du commandant de l'unité.

Compagnie « A » du 3e régiment d'artillerie de campagne.

5e régiment d'artillerie de Pennsylvanie ou 204e régiment de volontaires de Pennsylvanie.

Avers du 5e régiment d'artillerie « C », cette lettre signifiant *coloured*. Il s'agit donc d'un régiment composé d'artilleurs volontaires afro-américains.

1er régiment d'artillerie du Maine.

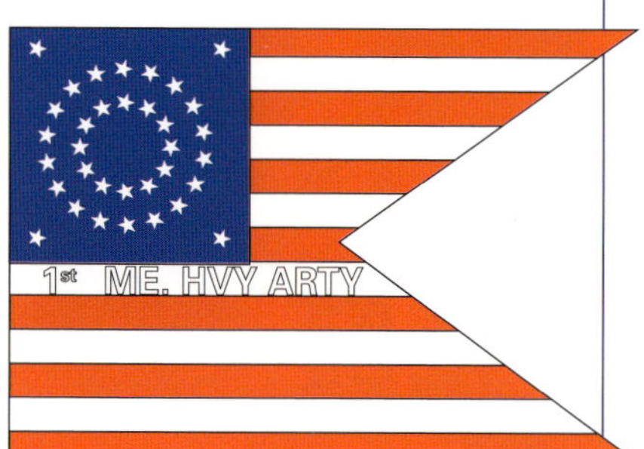

L'uniforme et l'équipement

Canon Amstrong de 3 Inches
à chargement par la culasse.
Il tire des obus de 12 livres à 2 100 Yards
(environ 1 900 m).

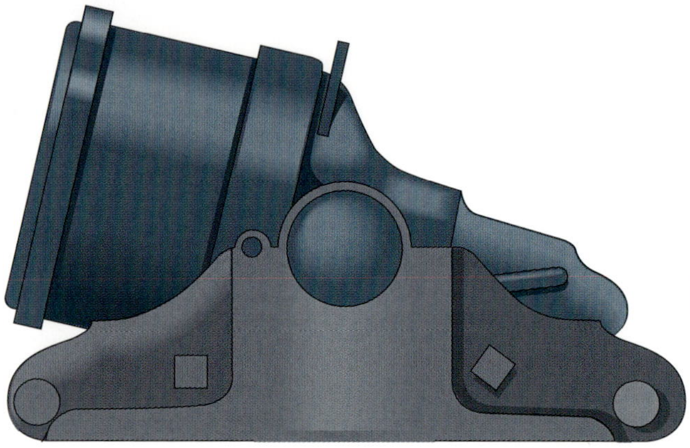

Caisson à munitions avec roue
de rechange et une barre
de timon en dépannage.
Le caisson peut transporter
trois artilleurs.

Mortier à pierre de 16 inches. Utilisé avant
les assauts d'infanterie et comme défense
de position, il envoie un projectile
sous forme de boîte à mitraille.

Mortier de 8 inches modèle 1841.
Sa portée est de 1 200 Yards (environ
1 000 m). Il est considéré comme
un mortier léger.

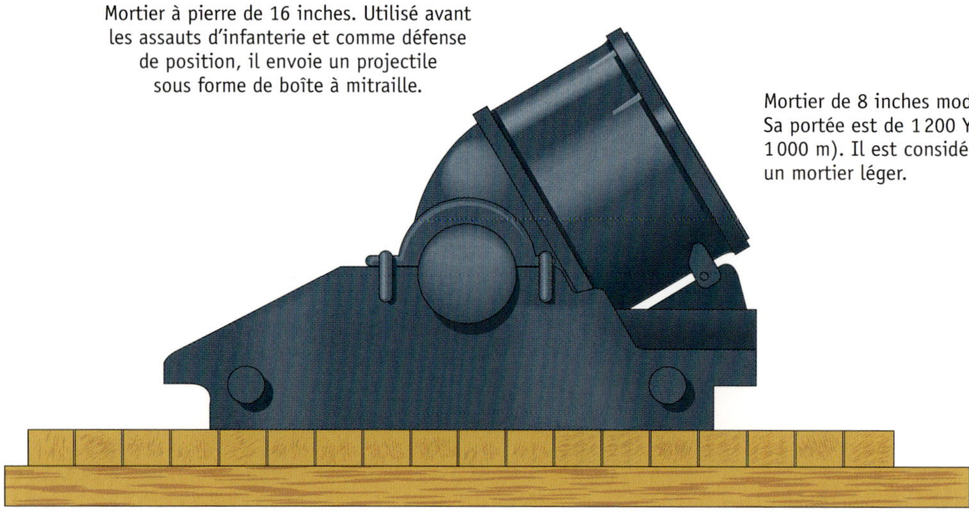

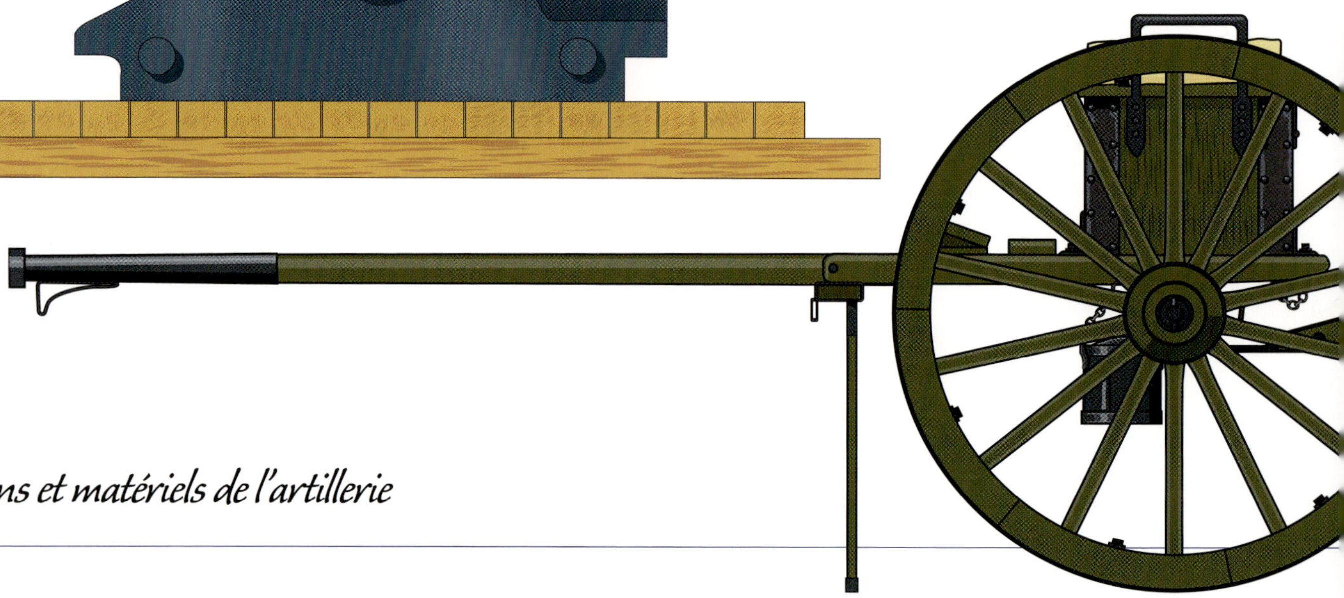

Canons et matériels de l'artillerie

Pièce de 12 livres, canon-obusier
dit canon « Napoléon ».
modèle 1857.

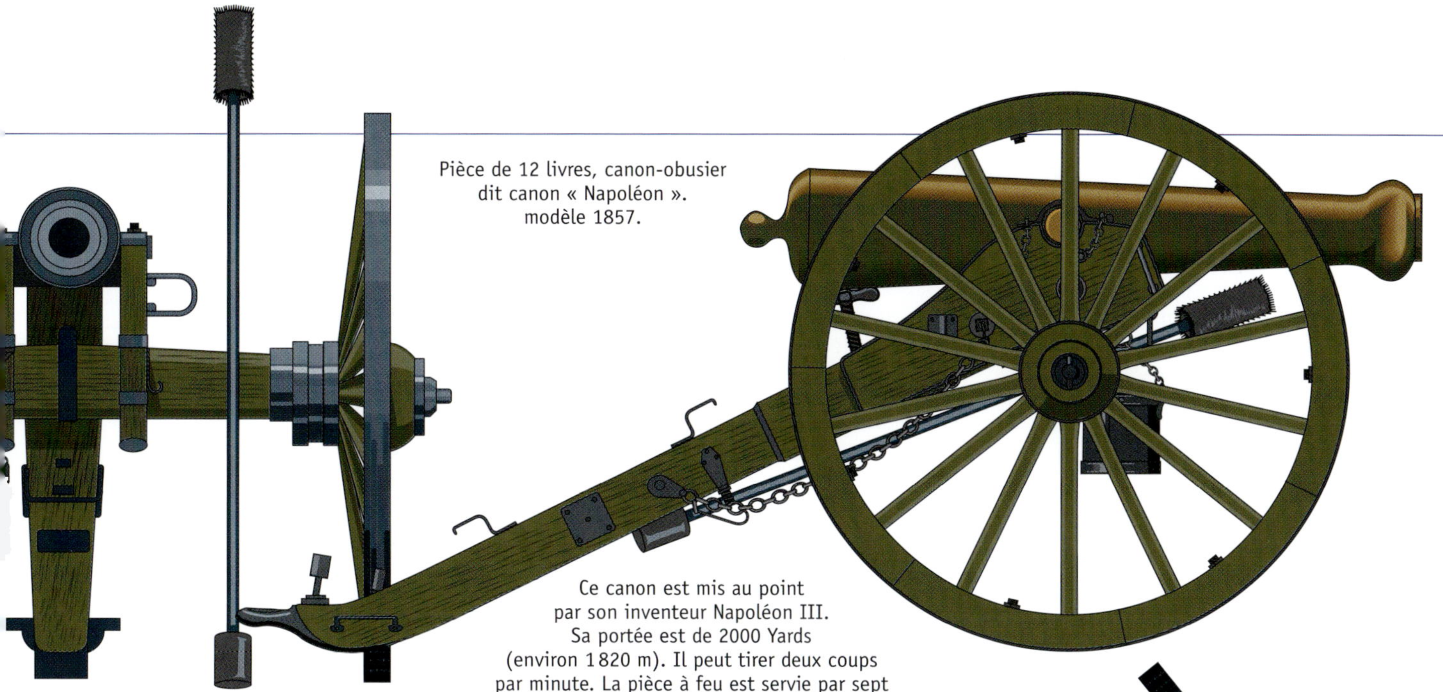

Ce canon est mis au point
par son inventeur Napoléon III.
Sa portée est de 2000 Yards
(environ 1820 m). Il peut tirer deux coups
par minute. La pièce à feu est servie par sept
artilleurs. Il existe un modèle de 6 livres.

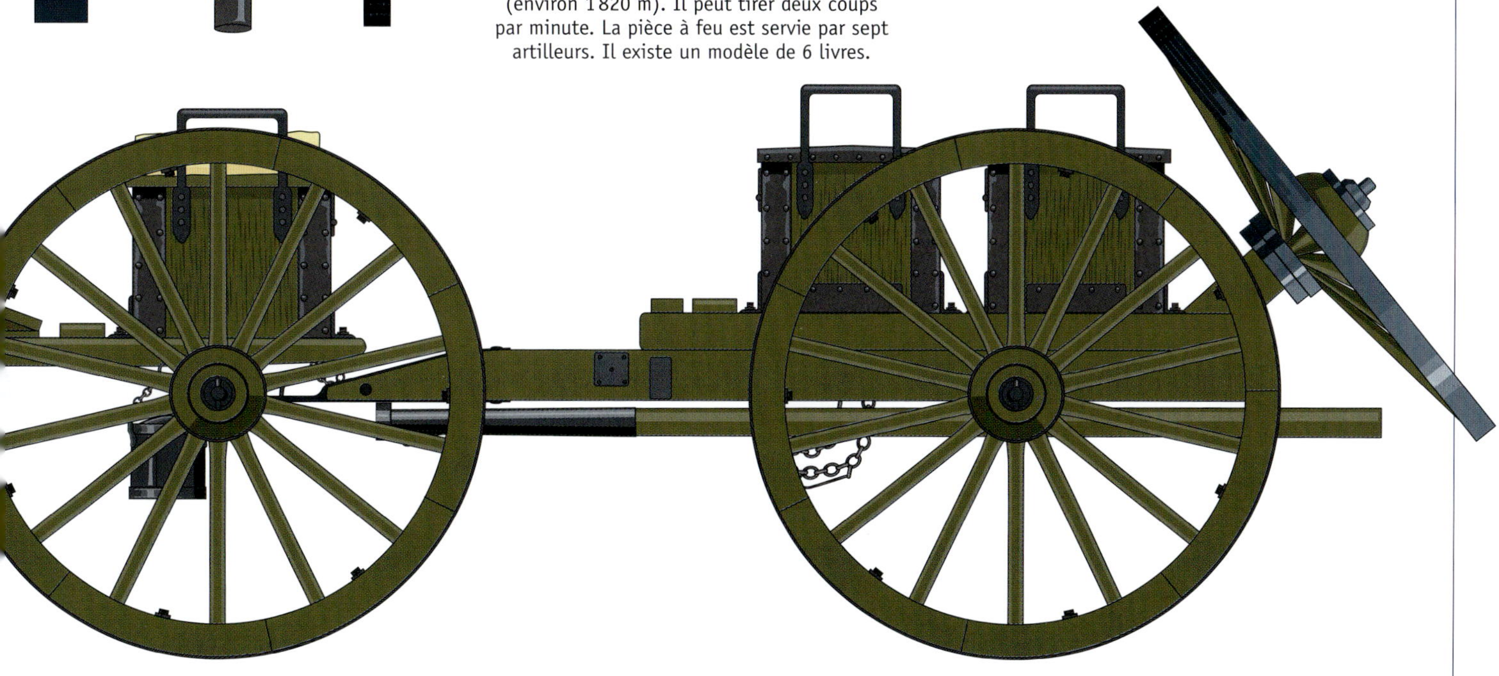

Fourgon attelé à un avant-train standard.
Il transporte des pièces détachées,
des outils, des éléments de sellerie
et des fers à chevaux.

La cavalerie de l'Union

Au début du conflit, la cavalerie de l'Union est constituée de cinq régiments de cavalerie réguliers dont l'origine remonte aux premières décennies du siècle. Chaque subdivision d'arme possède, à l'origine, des missions bien précises. La cavalerie des États-Unis est donc composée de :

- 2 régiments de dragons (distinctives orange).
- 1 régiment de fusiliers montés *(Mounted riflemen)*.
- 2 régiments de cavalerie (distinctives jaune).

En mai 1861, il est constitué un 3e régiment de cavalerie qui deviendra 6e régiment de cavalerie lors de la réorganisation.

Après la première bataille de Bull Run, le Congrès autorise le Président Lincoln à accepter le service de 31 régiments de cavaliers volontaires pour la durée

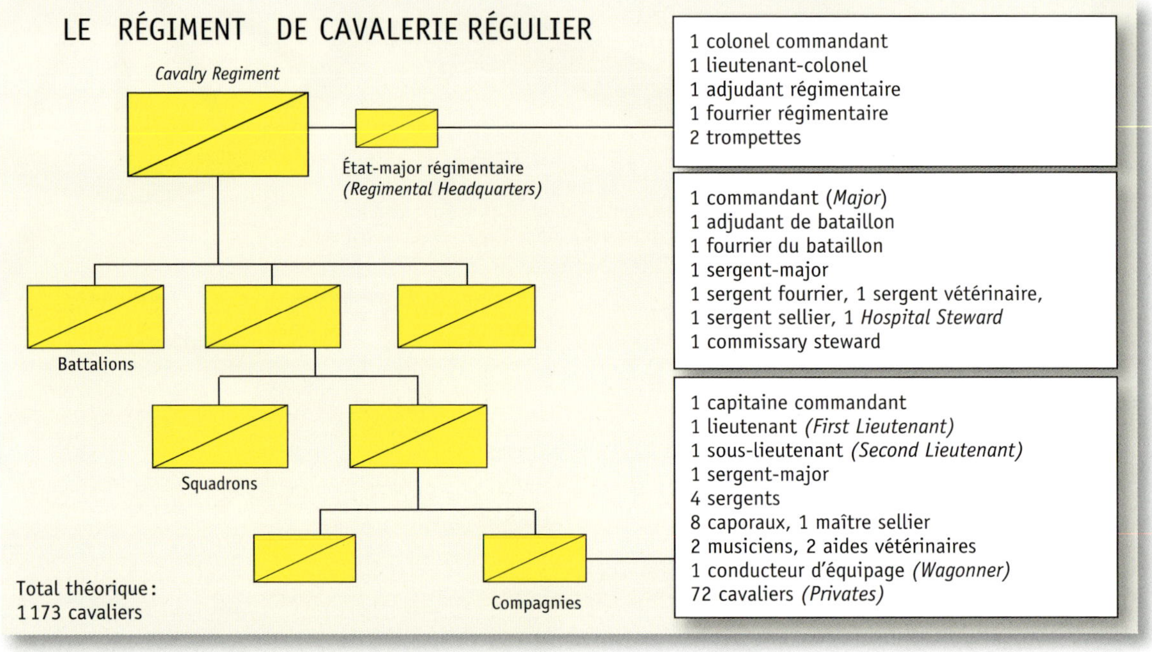

Cavalier de l'armée de l'Union en *Shell Jacket* (veste courte) et pantalon d'ordonnance. Ce cavalier, probablement issu d'un régiment de cavalerie de volontaires, est ici en tenue de service. *(Gravure d'époque, collection particulière, droits réservés)*

de la guerre. Ces régiments proviennent essentiellement des états les plus peuplés du Nord.

En août 1861, les unités de dragons, fusiliers montés et régiments de cavalerie sont regroupées dans la même liste, puis numérotés de 1 à 5 en fonction de leur date de création.

La couleur jonquille devient la seule couleur distinctive de la cavalerie. Ainsi, est constitué le corps de cavalerie de l'Armée des États-Unis.

À partir de juillet 1863, le département de la guerre *(War Department)* établit un bureau de la cavalerie chargé d'organiser l'approvisionnement, l'équipement et la remonte, suppléant ainsi le *Quatermaster Department*.

La cavalerie a rapidement augmenté ses effectifs et, bien que d'une valeur moindre que celle mise sur pied par les États du Sud, elle a su faire face aux troupes confédérées avec professionnalisme.

Dans les deux dernières années, l'arme de la cavalerie a fortement contribué à la défaite de l'armée du général Lee.

Si la cavalerie de l'Union procède rarement à de grandes charges contre les carrés ou les tranchées sudistes, elle se spécialise, peu à peu, dans la guerre de raids derrière les lignes ennemies.

Ses effectifs pléthoriques, sa mobilité, sa puissance, son professionnalisme, alliés à une doctrine d'emploi efficace en font, dans les dernières années, du conflit, une arme d'une terrible efficacité.

À la cessation des hostilités, on compte 272 unités de cavalerie (régiments, escadrons indépendants, unités de volontaires...) dans l'armée du Nord.

LE RÉGIMENT DE CAVALERIE DE VOLONTAIRES

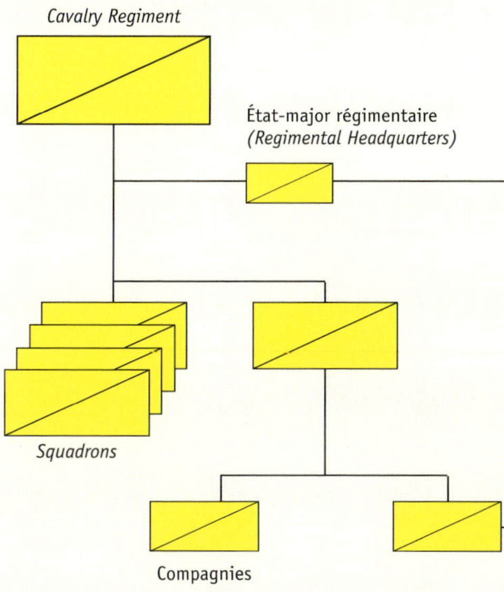

1 colonel commandant
1 lieutenant-colonel
1 *Major*
1 lieutenant faisant fonction d'adjudant régimentaire *(First Lieutnant)*
1 fourrier
1 chirurgien adjoint
1 aumônier
1 sergent fourrier régimentaire
1 sergent-major
1 sergent commissaire régimentaire
1 Hospital Steward
2 musiciens principaux + 16 musiciens

1 capitaine commandant
1 lieutenant *(First Lieutenant)*
1 sous-lieutenant *(Second Lieutenant)*
1 sergent-major, 1 sergent fourrier de compagnie
4 maréchaux des logis
8 brigadiers
2 trompettes
2 carriers, 1 conducteur d'équipage *(Wagonner)*
56 cavaliers *(Privates)*

Officiers, sous-officiers et cavaliers de l'un des 272 régiments de cavalerie du Nord. Ces hommes posent ici devant un pont de chemin de fer qu'ils vont sans doute détruire pour empêcher les mouvements de leurs adversaires. Les raids profonds de la cavalerie nordiste au cœur du territoire sudiste, dans les derniers mois de la guerre, se sont révélés terribles pour l'économie sudiste et la conduite du conflit. Nous sommes ici bien loin de l'image idéalisée du cavalier nordiste véhiculée par Hollywood au XXe siècle. *(photographie Benjamin B. Brady, « Collection of Civil War », NARA, DR)*

La cavalerie de l'Union

Caporal des *Rush's Lancers*, 6ᵉ de cavalerie de Pennsylvanie, du nom de son colonel commandant.

Caporal en grande tenue, équipé d'une selle Grimsley.

Officier de cavalerie.

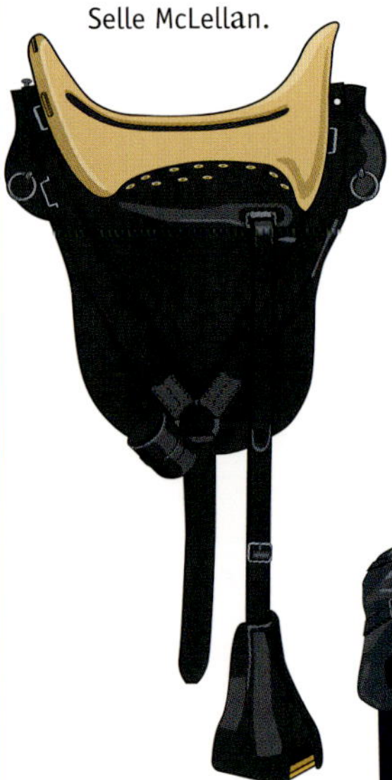

Selle McLellan.

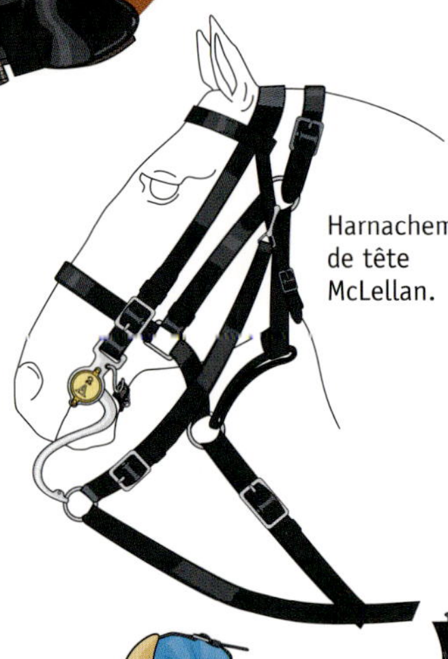

Harnachement de tête McLellan.

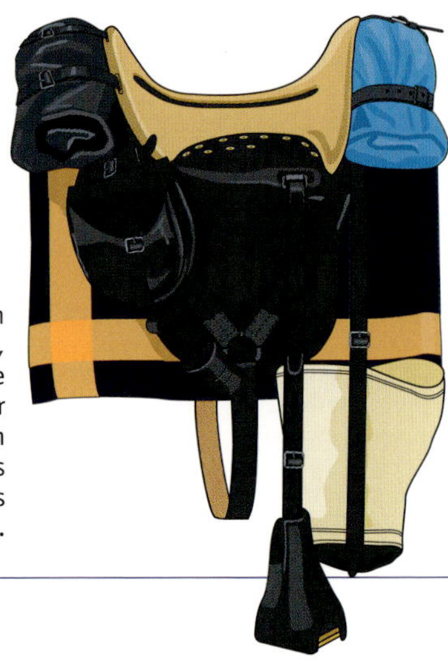

Selle McLellan avec manteau roulé, mangeoire, couverture imperméable sur le troussequin et une couverture à raies orange pour les dragons et jaune pour la cavalerie.

Selle Grimsley modèle 1847, ou selle de dragon.

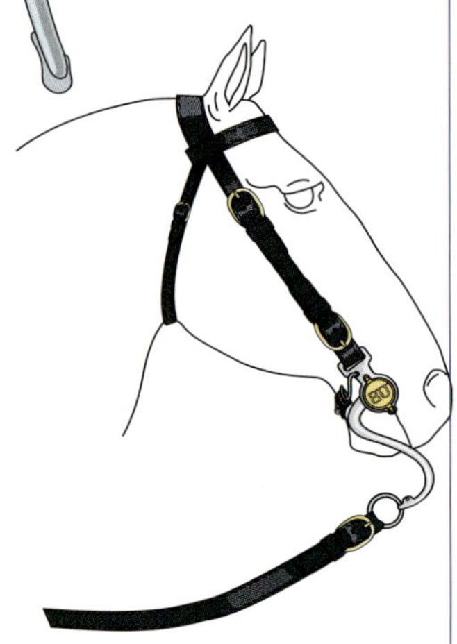

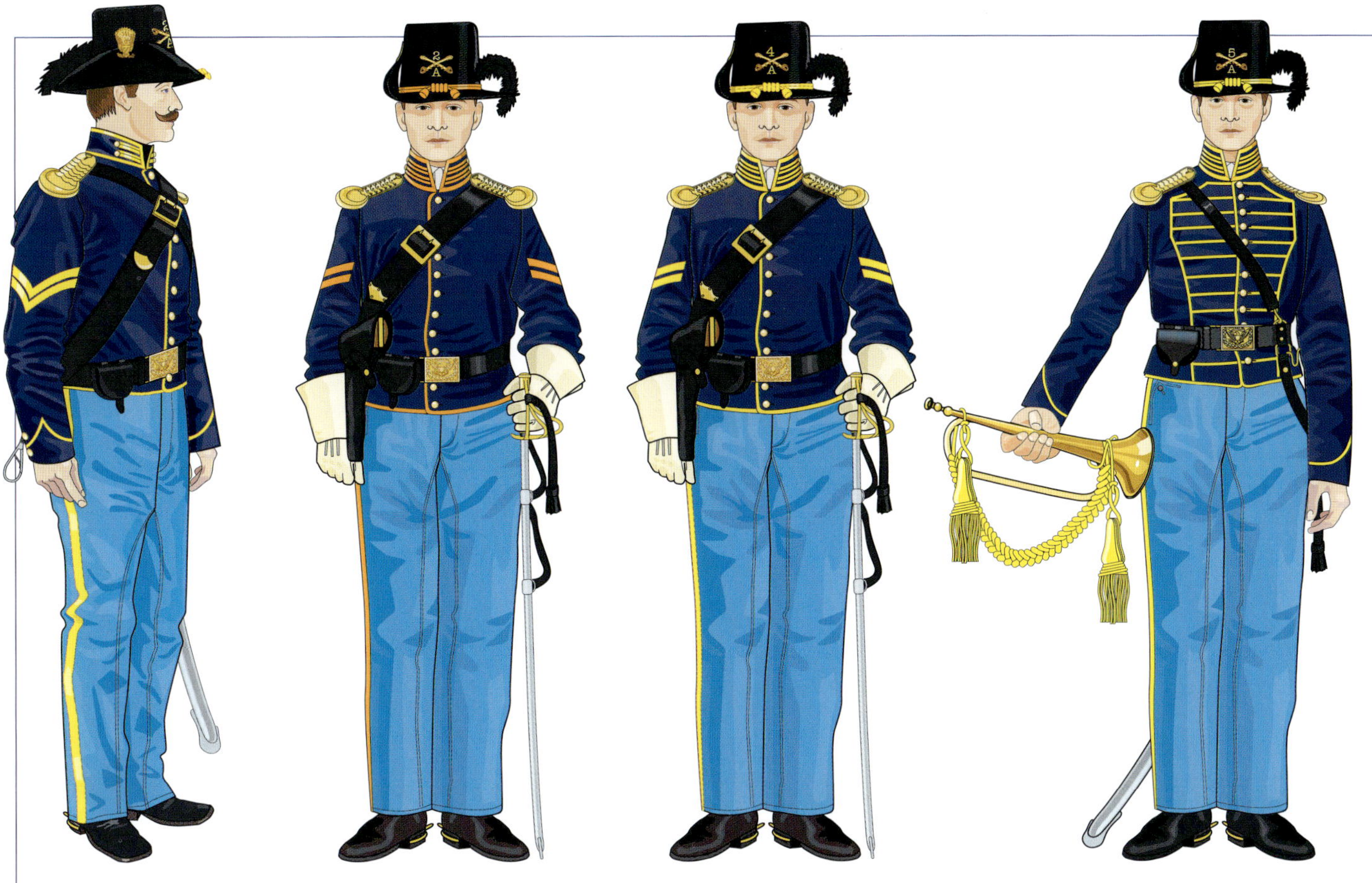

Caporal
en grande tenue.

Caporal de dragons
en grande tenue.

Caporal
en grande tenue.

Trompette
en grande tenue.

La cavalerie de l'Union

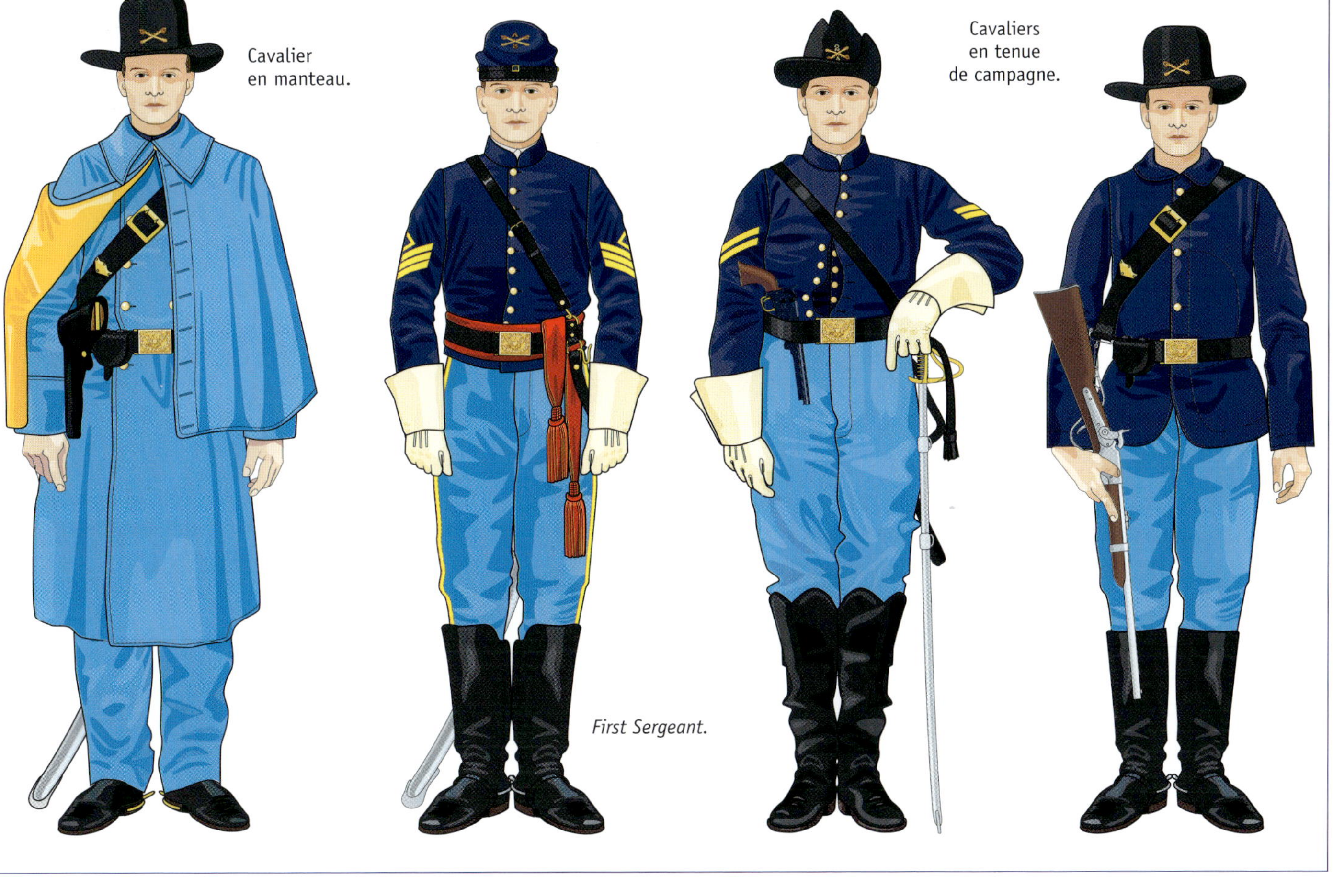

Cavalier
en manteau.

First Sergeant.

Cavaliers
en tenue
de campagne.

Caporal.

Sergent.

Sergent-vétérinaire.

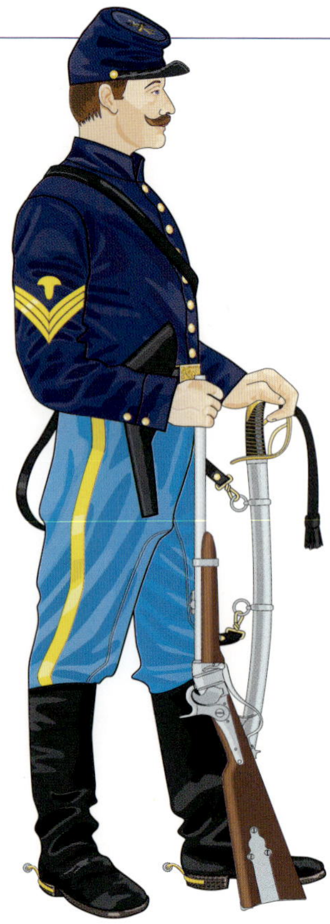

Sergent sellier.

Les marques de grade dans la cavalerie de l'Union

First Sergeant.

Ordnance Sergeant.

Company Quatermaster.

Regimental Quatermaster Sergeant.

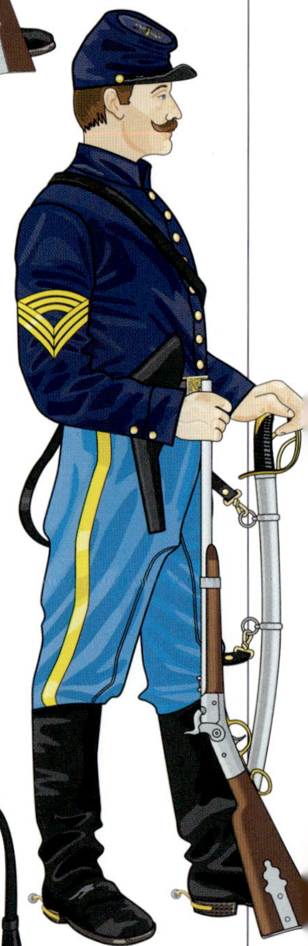

Sergeant-major.

Hussard de Benton. Cette unité est créée à la fin de 1861 à Saint-Louis, Missouri, il deviendra le 5e régiment de cavalerie.

Caporal et cavalier en shell jacket du 3e régiment de cavalerie du New Jersey, aussi connu sous le nom de « hussards de Trenton ».

15e régiment de cavalerie de Pennsylvanie.

Les régiments de cavalerie volontaires

2e régiment de cavalerie du Missouri.

Colonel du 1er régiment de cavalerie du Rhode Island.

9e régiment de cavalerie du Vermont.

Sous-lieutenant de cavalerie en veste.

Les emblèmes de la cavalerie

Caporal porte-guidon aux couleurs d'un régiment de cavalerie à partir de 1862.

Guidon de la compagnie « C » du 1er régiment de cavalerie du Vermont.

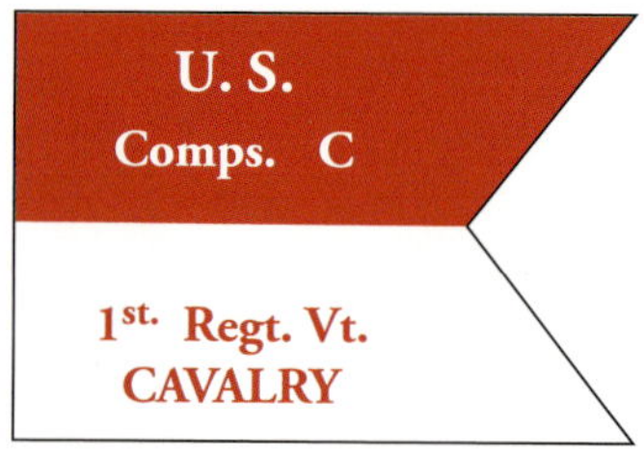

QG de la cavalerie de l'Armée du Cumberland, 1864.

Guidon du QG de la cavalerie de l'Armée du Potomac.

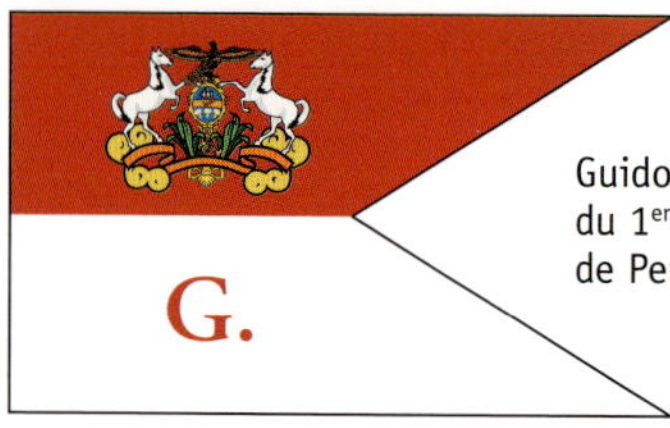

Guidon de la compagnie « F » du 1er régiment de cavalerie de Pennsylvanie.

Guidon du général (provisoire) Custer.

Guidon de la compagnie « F » du 7e régiment de cavalerie du Michigan.

Gardes de Cleveland ou compagnie « L » du 1er régiment de cavalerie du Rhode Island.

6e régiment de cavalerie de Pennsylvanie.

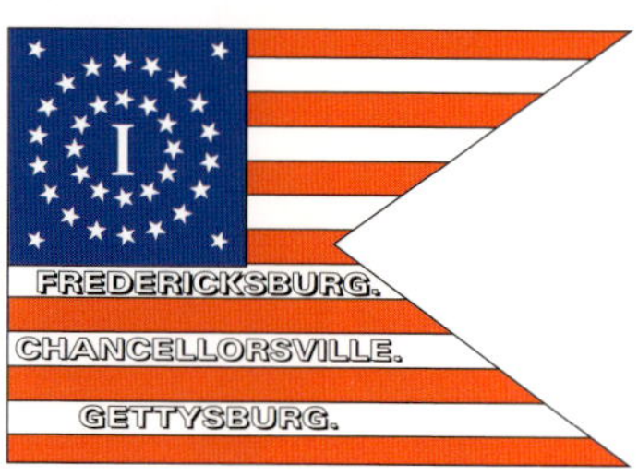

Étendard régimentaire du 2e régiment de cavalerie de l'Union.

Les officiers

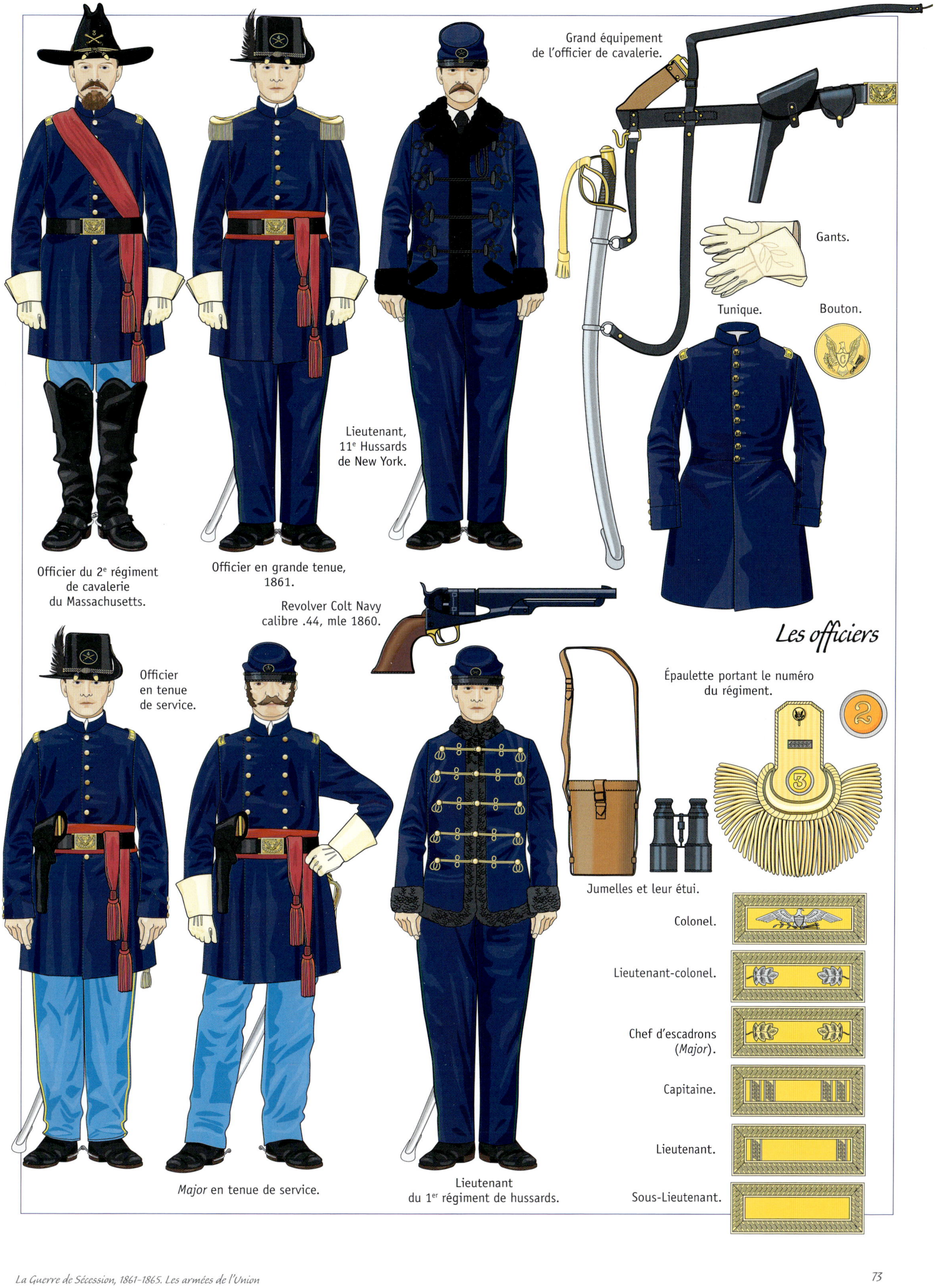

Hardee Hat.
Forage cap.
Insigne de la cavalerie.
Gants.
Épaulettes en cuivre.
Bouton.
Chemise.
Shell Jacket.
Cavalier en veste.
Grand équipement.
Bandero
porte-mousqueto
Shell Jacket, vue de dos.
Gilet.
Bretelles.
Giberne de cavalerie et son coffre à cartouches.
Carabine Spencer.
Poche à capsules de fulminate.
Revolvers Colt Army et Navy.
Botte et éperon.
Pantalon.

Les autres armes et services de l'armée de l'Union

Outre les trois armes combattantes – l'infanterie, la cavalerie, l'artillerie –, l'armée des États-Unis comprend un corps du génie chargé de la construction des ponts, des fortifications et la destruction des mêmes ouvrages réalisés par leurs homologues du Sud.

Le corps du génie

Le corps du génie est, à l'origine, organisé en quatre bataillons comprenant sept officiers supérieurs avec un colonel à leur tête, 42 officiers subalternes, 40 sous officiers, 40 caporaux, huit musiciens, 256 artificiers et 256 soldats (*Engineers*).

À partir de 1863, le corps est commandé par un brigadier général. Les effectifs sous ses ordres se sont considérablement renforcés.

Le génie a servi dans les différentes armées de l'Union et à la défense de Washington.

Certains régiments d'infanterie furent, notamment au sein de l'Armée du Cumberland, affectés au service du génie.

Il nous faut ajouter à cet état, quelques unités de volontaires comme le 1er et 2e corps de volontaires du génie de New York.

Les sapeurs du génie sont vêtus comme les artilleurs.

Leurs grades sont identiques à ceux de l'artillerie, mais avec le jaune pour couleur distinctive. Le symbole de l'arme représente un château flanqué de deux tours.

Les officiers sont considérés comme officiers d'état-major avec, pour signes distinctifs, le château aux deux tours brodés en argent sur le képi ou le chapeau.

Le service du matériel

Le service du matériel s'occupe de l'entretien, de la réparation, de la distribution, de l'armement et des munitions.

Les hommes de troupe et les sous-officiers sont habillés comme l'artillerie avec le cramoisi pour couleur distinctive. L'attribut de la subdivision est une grenade enflammée.

Les officiers sont vêtus, comme ceux rattachés à l'état-major, avec le même signe distinctif et le bouton de l'arme.

Les ingénieurs-géographes

Le corps des ingénieurs-géographes est entièrement composé d'officiers chargés des reconnaissances, de la topographie et de sa mise à jour.

Le corps est commandé par un colonel et comprend, lors de l'entrée en guerre, deux lieutenants-colonels, huit majors, dix capitaines, 13 lieutenants et sous-lieutenants. Cependant, devant la similitude des tâches assignée au Corps et

Sapeurs du *8th New York State Militia* devant la tente du Quartermaster de l'état-major du régiment, en 1861. Comme de nombreuses unités de l'armée du Nord, au début du conflit, l'uniforme de nos sapeurs est gris. *(photographe inconnu, NARA, droits réservés)*

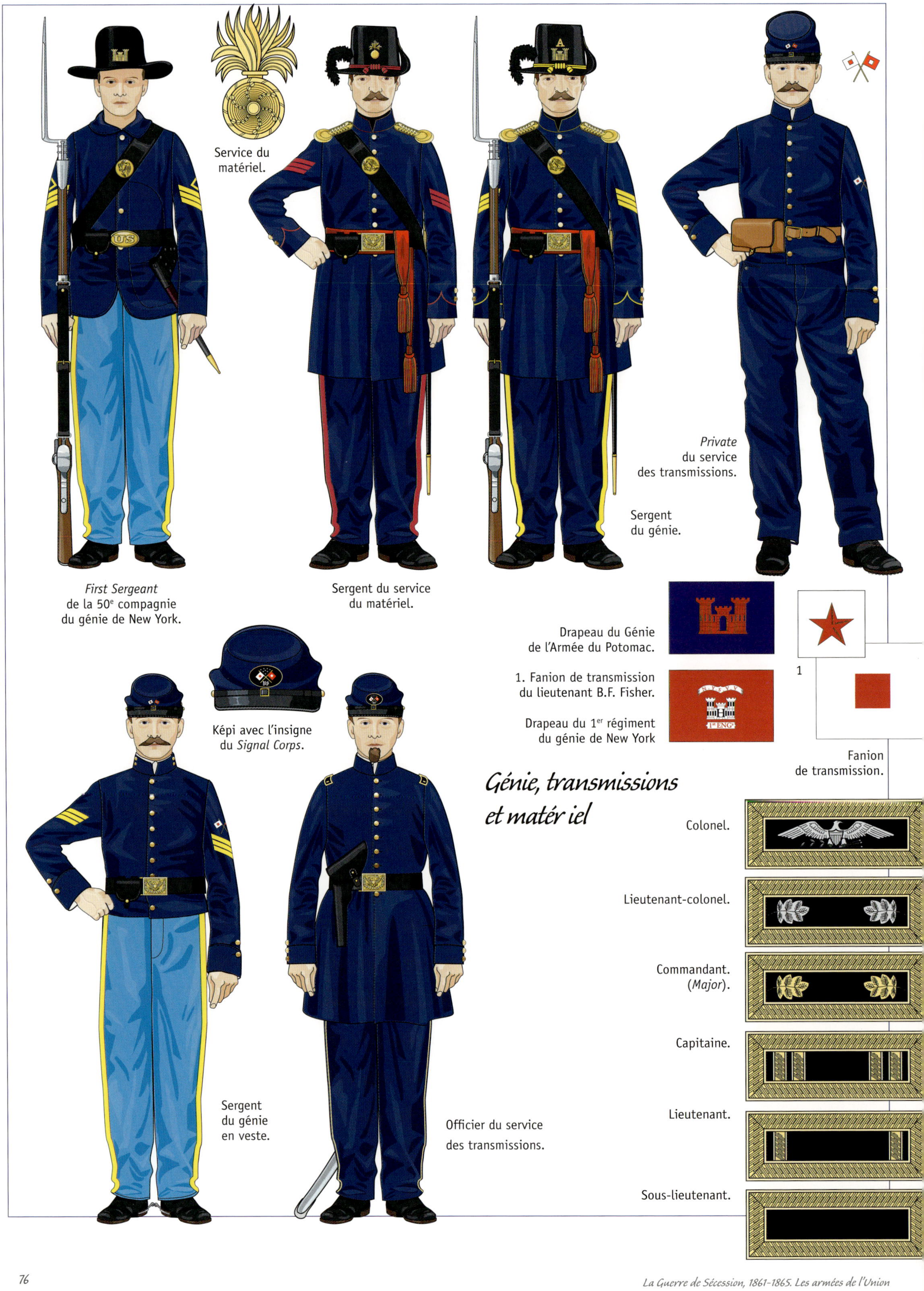

Génie, transmissions et matériel

First Sergeant de la 50e compagnie du génie de New York.

Service du matériel.

Sergent du service du matériel.

Sergent du génie.

Private du service des transmissions.

Drapeau du Génie de l'Armée du Potomac.

1. Fanion de transmission du lieutenant B.F. Fisher.

Drapeau du 1er régiment du génie de New York

Fanion de transmission.

Képi avec l'insigne du *Signal Corps*.

Sergent du génie en veste.

Officier du service des transmissions.

Colonel.

Lieutenant-colonel.

Commandant. (*Major*).

Capitaine.

Lieutenant.

Sous-lieutenant.

celles dévolues au génie, les officiers de ces deux subdivisions d'armes passent d'un commandement à l'autre.

Avec l'extension du conflit, des civils sont également employés à l'élaboration des cartes. Le corps des géographes est attaché directement à l'état-major. Les officiers en portent l'uniforme avec, toutefois, leurs attributs distinctifs.

Les télégraphes militaires

Dans les premiers mois de 1861, le ministère de la Guerre prend sous son contrôle les services télégraphiques.

Anton Strager est nommé colonel en charge des services du télégraphe ; il est secondé par un *« Assistant quartermaster »* et des officiers responsables des lignes.

Les télégraphistes sont chargés de la mise en place des lignes et de l'exploitation militaire de celles-ci sur le territoire de l'Union et les terres conquises au fur et à mesure de l'avance – ou du recul – des armées en campagne.

À l'exception des officiers responsables du service – ils portent des uniformes réservés à l'état-major – les télégraphistes sont tous des civils. Cependant, afin de ne pas être pris pour des espions par les Confédérés, il est décidé, en 1864, de doter ces hommes d'un uniforme spécifique composé d'une vareuse bleu ciel et d'un pantalon de même couleur. Une bande de couleur argent est cousue sur ce dernier. De plus, les officiers sont dotés d'un képi avec une fausse jugulaire argent.

Les transmissions

Avant le conflit, le *Major* A.J. Meyer expérimente un système de transmission de messages par drapeaux et torches.

Il est tout naturellement chargé, lors de l'entrée en guerre de l'Union, de mettre sur pied un service des transmissions fiable et rapide. Ce nouveau service est, de plus, en charge de la météorologie.

Un détachement des transmissions, commandé par un capitaine avec 20 hommes, est rattaché à chaque état-major de corps d'armée.

Ces hommes sont, en outre, en relation directe et travaillent en étroite collaboration avec les hommes du service de la télégraphie militaire, responsables de la mise en place et de l'entretien des lignes télégraphiques.

Les soldats portent la tenue de la cavalerie, sans la couleur distinctive, mais avec un insigne spécifique brodé sur le bras gauche. À partir de 1864, les officiers des transmissions portent l'uniforme des officiers d'état-major.

Un insigne spécifique à leur fonction consistant en deux fanions croisés, rouge et l'autre blanc, leur est attribué.

Les chemins de fer militaires

Le chemin de fer est un élément stratégique important de la Guerre de Sécession. Dès les premiers mois du conflit, les Confédérés attaquent les lignes de chemin de fer du Nord dans le but

(suite page 80)

Ce chirurgien du Corps de Santé de l'armée du Potomac procède à l'amputation d'un soldat, blessé à la jambe, devant une tente-hôpital à Gettysburg, en 1863. Les amputations sont fréquentes sur le champ de bataille. En effet, les balles Minié tirées par les soldats des deux camps, fondues en acier mou, éclataient à l'impact et brisaient les os en plusieurs morceaux, procurant de terribles blessures, empêchant toute possibilité de soudure des os. Ces blessures étant à l'origine de nombreuses septicémies, l'amputation est quasiment toujours pratiquée. La chirurgie militaire demeure au milieu des années 1860 très sommaire. *(photographe inconnu, NARA, droits réservés)*

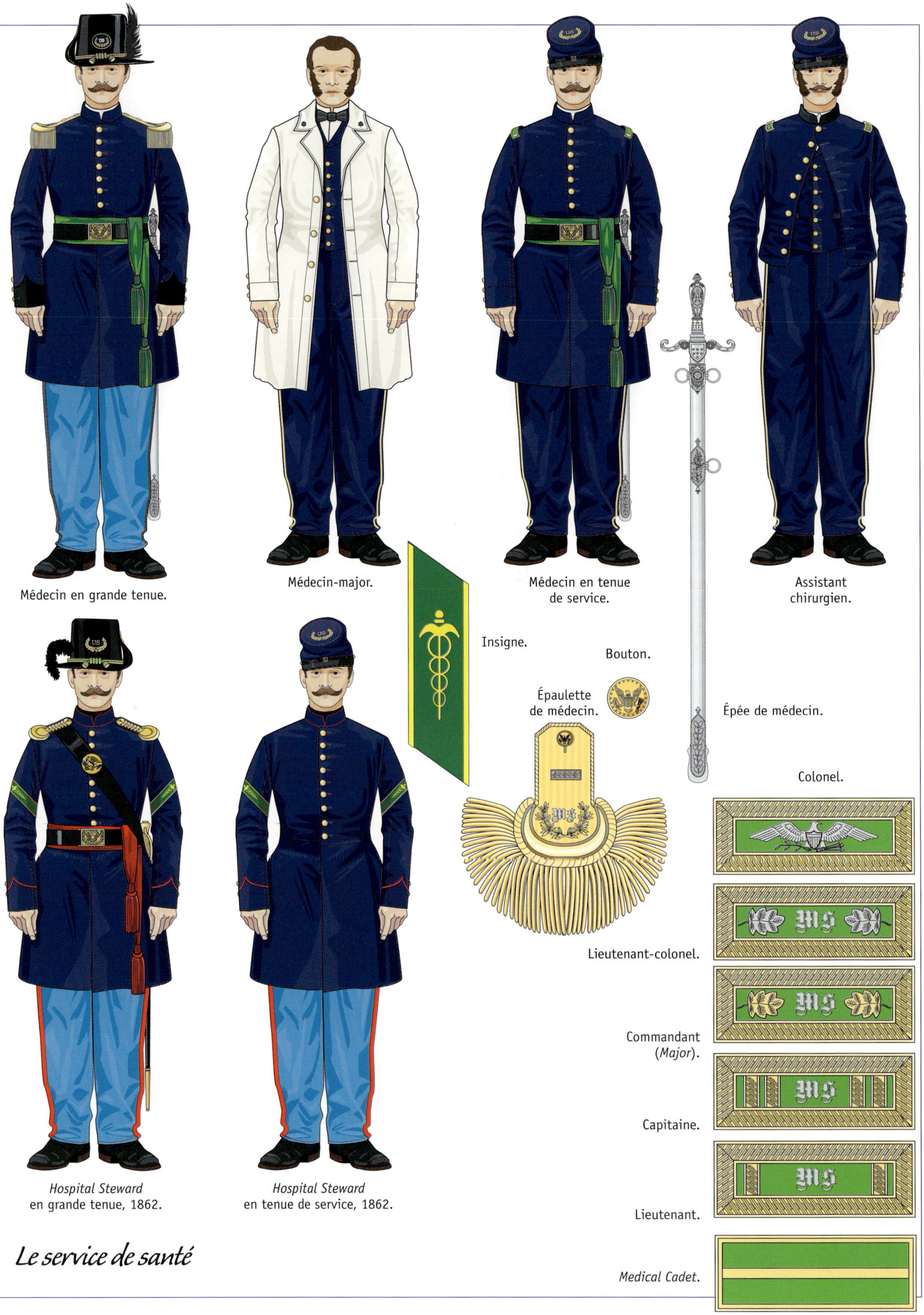

Médecin en grande tenue.

Médecin-major.

Médecin en tenue de service.

Assistant chirurgien.

Insigne.

Bouton.

Épaulette de médecin.

Épée de médecin.

Colonel.

Lieutenant-colonel.

Commandant (*Major*).

Capitaine.

Lieutenant.

Medical Cadet.

Hospital Steward en grande tenue, 1862.

Hospital Steward en tenue de service, 1862.

Le service de santé

Hospital Steward
en veste.

Conducteur d'ambulance.
La distinctive verte est utilisée par les armées du Potomac et de Cumberland pour distinguer les ambulanciers.

Hospital steward
en tenue de service.

Ambulancier
du XVIIIe Corps.

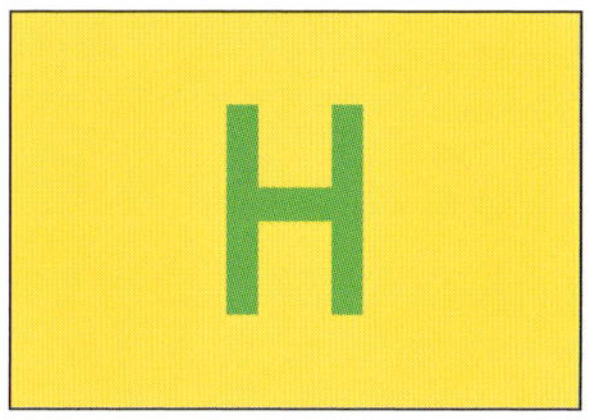

Drapeau indiquant
l'emplacement d'un hôpital.

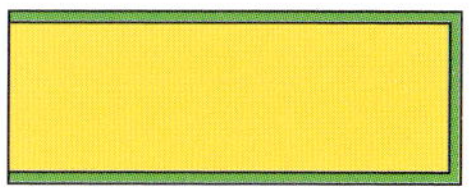

Fanion indiquant
le chemin vers l'hôpital.

Le service de santé

Voiture ambulance.

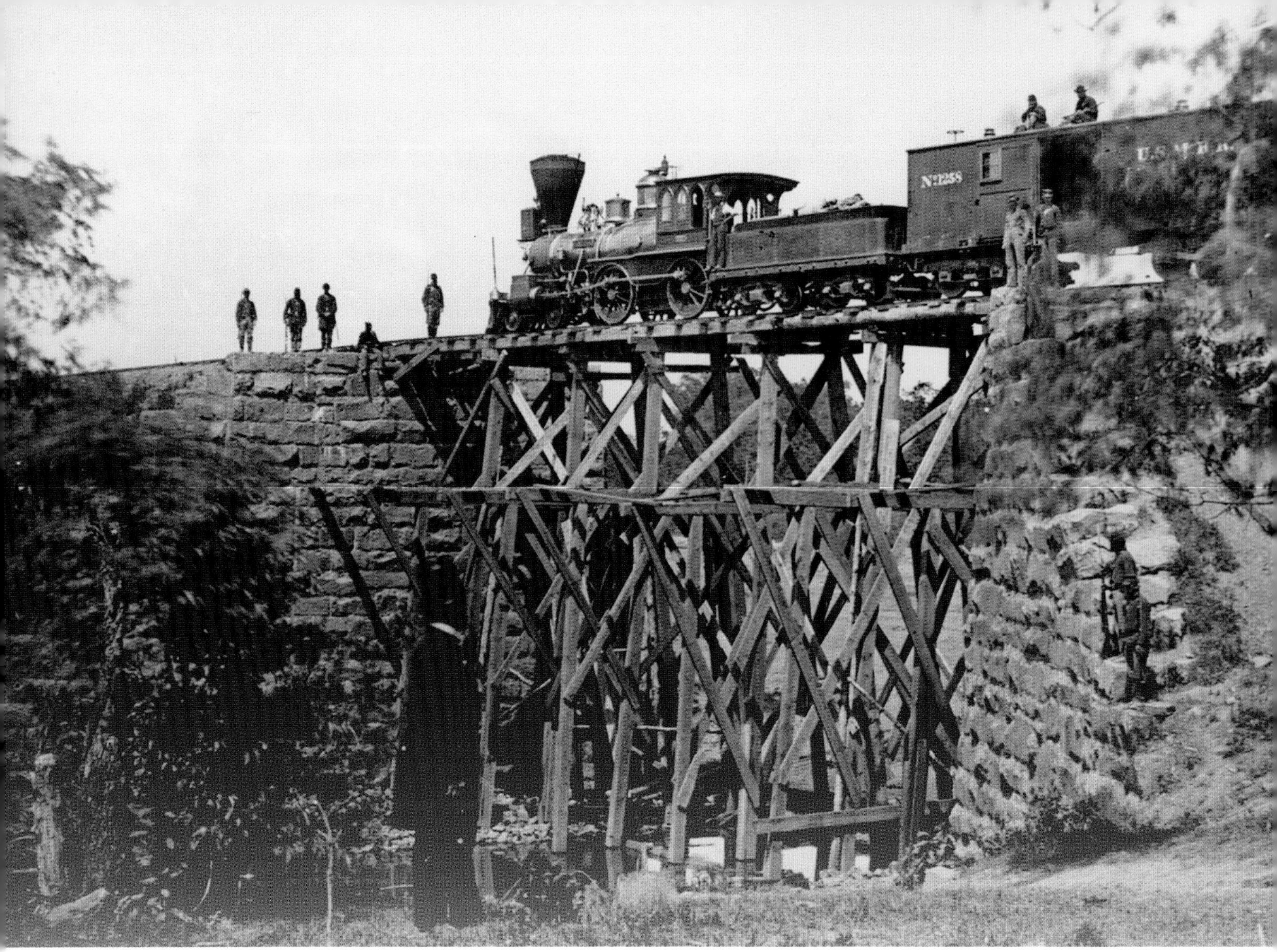

Cette locomotive à vapeur « Firefly » de l'USMRR est, ici, photographiée sur un pont de la ligne mise en œuvre par la *Orange and Alexandria Railroad*. Bien souvent, près de la ligne de front, les trains peuvent être blindés et défendus par un canon ou un mortier installé sur une plateforme à l'avant du convoi. Première guerre moderne, le conflit entre les États du Sud et ceux du Nord fait appel aux avancées technologiques les plus récentes ; cuirassés entièrement blindés, sous-marins, mitrailleuses, ballons et chemin de fer. Pour la première fois de l'histoire, les trains servent à transporter des troupes. *(photographe inconnu, NARA, droits réservés)*

(suite de la page 77)
de détruire ses moyens de communication et ses voies d'approvisionnement, tentant d'étouffer, par là même, l'industrie de guerre de l'Union.

Le 31 janvier 1862, le congrès des États-Unis crée le USMRR (*United States Military Rail Road*) et autorise le président à nationaliser les compagnies de chemin de fer et de télégraphe. Leurs employés sont enrôlés au service de l'État. Les troupes versées dans les services du chemin de fer sont bien vite remplacées par des civils sous la responsabilité d'ingénieurs militaires.

Le USMRR est essentiellement une organisation civile et ne se voit attribuer aucun uniforme, ni insigne. Les seuls militaires affectés aux chemins de fer portent les uniformes de leur arme d'origine.

Le Service de santé

En 1861, le service de santé comprend 30 chirurgiens ayant rang de major et 84 assistants portant les grades de capitaine ou lieutenant. Le département est responsable des services de santé rattachés aux régiments de volontaires.

Dès 1862, il se décentralise au niveau des corps d'armée et des brigades. Le premier hôpital principal est construit la même année. À la fin du conflit, 204 hôpitaux de ce type ont été édifiés.

Il est parallèlement créé un département des archives dont la mission est de garder trace (archives papiers et photographiques) des prothèses et appareillages spécifiques réalisés pour les grands blessés et les dossiers des militaires munis de certificats d'invalidité afin de prévenir d'éventuelles fraudes.

Le Congrès autorise aussi l'engagement d'étudiants en médecine, âgés de 18 à 23 ans, dont les études ne sont pas terminée,s au titre de médecin. Après un examen, ils sont nommés *Medical cadet* et obtiendront, ultérieurement, un brevet de sous-lieutenant. Le service de santé comprend des *Hospital Stewards* qui ont rang de sous-officiers. Leur rôle est de gérer les hôpitaux de campagne et d'entretenir les pharmacies rattachées à ces établissements.

Il faut ajouter un corps d'ambulanciers qui, dans l'armée du Potomac, s'élève, par exemple, à 2 300 hommes du rang et sous-officiers commandés par 60 officiers.

L'uniforme des chirurgiens est celui des officiers d'état-major ; cependant, ils s'en distinguent par le port d'une ceinture-écharpe vert foncé, de pattes d'épaule de grades en velours noir réglementairement. La plupart du temps, les officiers de ce corps les remplacent par des pattes d'épaules dotées d'un fond vert portant les initiales M.S. (*Medical Service*) brodées.

L'épée est du modèle 1840 attribué aux services du trésor.

Les *Hospital Stewards* sont habillés selon le règlement. Le cramoisi est leur couleur distinctive ; ils portent, de plus, un brassard vert avec un caducée jaune.

Les armées de la Confédération

Lorsque les divers États du Nord et du Sud mobilisent, les deux camps sont convaincus de leur légitimité. Les États de l'Union, qui possèdent une assise industrielle écrasante, sont largement soutenus par leurs populations. Les États du Sud, *a contrario*, sont des terres agricoles, où conservatisme et convictions traditionnelles tendent à refuser toute évolution pensée depuis Washington. Les Sudistes craignent avant tout de perdre leur identité culturelle.

Page précédente. Lors d'un engagement devant Richmond, en 1862, un cavalier de la Confédération – probablement un *Trooper* du *Black Horse Cavalry* ou *1st Virginia Cavalry Regiment* – tente de s'emparer du drapeau d'un régiment d'infanterie de l'Union, peut-être originaire de New-York. *(Dessin d'Eugène Lelièpvre, collection particulière, droits réservés)*

Ci-contre. Le cabinet confédéré réuni autour du président Davis, assis au centre, au moment de la déclaration de guerre. *(Collection particulière, droits réservés)*

La Confédération entre en guerre

L'armée confédérée n'a jamais pu mobiliser autant d'unités de première ligne que le Nord et encore moins de troupes spécialisées.

Le Congrès des États confédérés autorise, le 21 février 1861, la création de l'armée sudiste. Cette armée regroupe trois grands éléments. Prenant modèle sur ce qui se fait au Nord, les Sudistes créent tout d'abord une armée régulière à l'effectif réduit (à peine 16 000 hommes).

A cette force professionnelle, il faut ajouter l'essentiel des unités disponibles dans l'armée de réserve formée de volontaires.

Enfin, les milices des états qui ne se mobilisent que pour la défense de leur état respectif complètent cette formation. Le 6 mars 1861, le congrès confédéré autorise le recrutement de 100 000 volontaires pour un an. Ces 100 000 hommes seront équipés et armés par leur État, district ou comté et villes d'origine. Ils rejoignent, au fil des mois, les 60 000 hommes déjà sous les drapeaux au moment où la guerre commence, le 12 avril 1861.

En mai 1861, le Congrès confédéré autorise, à nouveau, le recrutement de 400 000 hommes supplémentaires. Les moyens mis en place sont insuffisants pour les armer tous et seuls 200 000 seront donc effectivement enrôlés. Les chiffres exacts, quant au nombre de combattants de l'armée confédérée mobilisés, sont d'ailleurs inconnus. On estime celui-ci entre 500 000 et 1 500 000 hommes pour la durée de toute la guerre.

Une mise en place difficile :

La logistique, de son côté, se met doucement en branle. Le Sud n'a et ne possédera jamais les infrastructures industrielles nécessaires pour soutenir l'effort d'une guerre sans précédent...

Les cuivreries domestiques sont récupérées pour les amorces, le bronze des cloches est utilisé pour fondre les canons. La recherche du salpêtre et du nitrate est une priorité absolue. La ville d'Augusta devient le centre de l'industrie poudrière car la situation devient alarmante : le blocus perturbe les importations des ingrédients nécessaires à la fabrication de la poudre et la fourniture des armements.

Civils et militaires, sous la direction de Josiah Gorga, responsable du service du matériel de la Confédération, font flèches de tout bois et le Sud ne manquera réellement, en définitive, jamais ni de matériel ni de munitions...

Le Sud ne possède qu'une fonderie de canons, deux grandes manufactures de fusils (à Richmond et Fayetteville) et quelques arsenaux. Les services compétents de l'armée de la Confédération récupèrent les armes sur les champs de bataille et achètent les plus modernes à l'étranger.

Pendant les quatre ans que dure la Guerre, une industrie d'armement, modeste, mais efficace, un

Le célèbre général Pierre Gustave Toutan de Beauregard. C'est lui qui commandera le premier feu de la Guerre de Sécession à Fort Sumter, le 12 avril 1861. Il est, dans les derniers mois de la Guerre, l'ultime rempart face à Sherman et Grant. *(US National Archives 111-B-1233. 525 441)*

réseau de manufactures de vêtements et d'équipements sont mis en place. Là encore, « Johnny Reb » pourra compter sur un réel approvisionnement en souliers, vêtements, couvertures, tentes... La situation générale s'améliore bien souvent au fil de la guerre, même si des périodes de pénurie peuvent être observées selon les théâtres d'opérations.

Si les troupes sudistes ne manquent jamais de balles ni d'armes à feu, les services de santé et de l'intendance sont souvent inexistants sur le front, faute d'une logistique défaillante et d'infrastructures routière et ferroviaire suffisantes.

Le soldat sudiste, plus rustique, est habitué à des conditions de vie bien plus dures que celles que pouvaient supporter les *Enlisted Men* du Nord. Bon cavalier, bon tireur, il est en outre sous les ordres d'officiers de grande qualité, courageux et compétents.

En effet, le corps des officiers est le point fort de la Confédération des États du Sud. Sur les huit académies militaires qui fournissaient les jeunes officiers à l'armée américaine, sept ont leurs bâtiments dans les états confédérés. Les officiers généraux et supérieurs de l'armée « rebelle » ont, comme le général Robert E. Lee, fait « leurs classes » lors de la guerre du Mexique.

Tout au long du conflit, les Sudistes ont de remarquables officiers des trois armes dans leurs rangs, ce qui a longtemps fait défaut aux forces de l'Union, tant au niveau de l'état-major qu'à la tête des unités de première ligne.

Le blocus du Nord et la politique de terreur appliquée par les généraux de l'Union à partir 1864 ont miné le moral des populations civiles et ravagé les territoires du Sud, ruinant toute possibilité de remporter la victoire. 260 000 soldats de la Confédération sont tués lors du conflit.

Les généraux et les troupes d'état-major

Pendant toute la guerre, le Sud a commissionné 425 généraux de rang. Soixante-dix-sept d'entre eux sont morts au combat ou de la suite de leurs blessures.

Les généraux et les officiers d'état-major des *Adjutant General's department*, *Quartermaster General's department* et *Commissary General's department* ont pour uniforme réglementaire une longue tunique de couleur grise à deux rangées de huit boutons distribués par paire pour les généraux et sept boutons, également espacés, pour les autres officiers d'état-major.

Le col et les pattes de parements en pointe sont de couleur chamois. Le rang du général est indiqué, sur le col, par trois étoiles brodées d'or dans une couronne.

En outre, un nœud hongrois [*Austrian knots* en américain (sic)] doré est brodé sur chaque manche. Ce nœud est à quatre tresses pour les généraux, trois pour les officiers supérieurs, deux pour les capitaines et une pour les *First* et *Second lieutnants*. Les boutons sont timbrés d'une aigle entouré d'étoiles. Nombreux sont les généraux qui abandonnent la tenue réglementaire pour une tenue plus appropriée à leurs fonctions. Le *Major General* Thomas J. (« Stonewall ») Jackson, par exemple, a été photographié dans une veste de troupe ordinaire.

L'armée de la Confédération vue par Knötel. A l'arrière-plan, à cheval, un général en grand uniforme avec bicorne et un cavalier régulier en manteau à rotonde. Au premier plan, à pied : un officier subalterne d'infanterie (de dos), un colonel d'artillerie, un sergent de cavalerie au début du conflit, un fantassin en képi et manteau, un fantassin en tenue ordinaire et un brigadier d'artillerie de campagne. *(Collection particulière, droits réservés)*

Les généraux de la Confédération

Major-général, en tenue de campagne, le collet devrait être chamois clair.

Lieutenant-général en petite tenue de service d'inspiration civile.

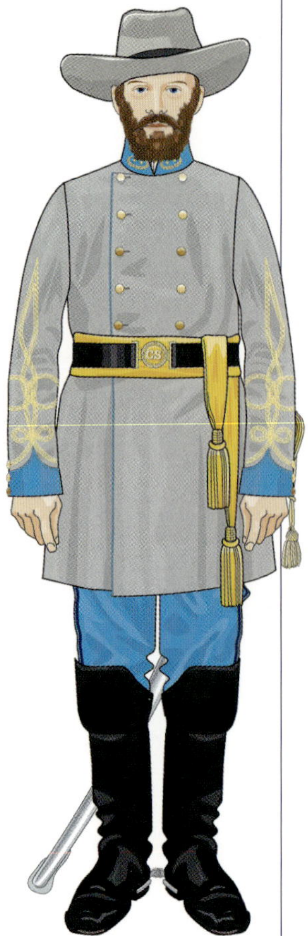

Major-général en tenue de service, commandant une brigade d'infanterie.

Lieutenant-général en tenue de campagne.

Lieutenant-général. Les boutons de sa tunique devraient être répartis par groupe de trois et non par paire, disposition valable pour les brigadiers et les majors-généraux.

Général. Les boutons de sa tunique répartis par trois indique bien le grade de lieutenant-général. Toutefois, les nœuds hongrois réglementaires ne sont pas brodés sur les manches.

Les généraux de la Confédération

Général en tenue non réglementaire.

L'Armée confédérée a distingué quatre grades de généraux :
- général.
- lieutenant-général
- major-général
- brigadier-général.

Major-général en tenue de service.

Major-général en tenue de campagne avec tunique d'officier.

Tous les généraux sont nommés par le président Jefferson Davis et leur brevet est approuvé par le sénat. L'armée confédérée compta 425 généraux.

Lieutenant-général en tenue de campagne fantaisie. Il commande une division.

Lieutenant-général commandant une division de cavalerie de cavalerie.

Major-général en tenue butternut à la fin du conflit.

L'infanterie de la Confédération

L'organisation des régiments d'infanterie est en tout point identique à celle du Nord. Ils ont huit compagnies, soit 843 hommes pour l'infanterie régulière et dix compagnies, soit 1045 hommes, pour l'infanterie volontaire.

Très rapidement, les régiments seront tous, théoriquement, composés de dix compagnies et 1000 hommes. L'uniforme choisi est le gris comme celui porté par les cadets de l'école militaire de West Point[1].

Dans les faits, les unités de volontaires ou de miliciens auront un large panel de tenues disparates, parfois bleues comme celles du Nord, occasionnant des méprises sur le champ de bataille.

Si l'Union, au fil du conflit, fait table rase de cet ensemble de tenues disparates pour adopter un uniforme bleu pour tous ses hommes, le Sud souffrira de problèmes pour maintenir une qualité optimale dans la fourniture de tenues à toutes ces troupes.

Plaque de ceinturon de la Confédération en laiton, la plus communément distribuée aux fantassins du Sud. Cette pièce provient d'un champ de bataille américain. *(Collection particulière, droits réservés)*

Comme le Nord, Richmond standardisera son uniforme qui demeurera gris pendant toute la guerre avec des nuances chromatiques selon les ateliers de fabrication ou les importations, avec des qualités allant du très bon au pire.

Le bleu pâle, la distinctive de l'infanterie, se retrouve dans la première tenue sur le col, les manches et les passepoils des pattes d'épaules et de poitrine.

Même plusieurs années après la fin du conflit, il est délicat pour l'historien de préciser combien d'hommes combattirent pour le Sud. Si les estimations peuvent varier de 600000 à 1400000 combattants, il est plus juste, après avoir épuisé toutes les ressources de la statistique et du calcul – les archives des États n'étant que d'un bien piètre secours en

Officiers et soldats du Sud posent devant leur bivouac la veille de la bataille de Bull Run, le 20 juillet 1861. *(Collection particulière, droits réservés)*

1. L'uniforme gris des cadets de West Point est bien évidemment à l'origine de ce choix. Le souci de filiation et de légitimité des officiers, comme des officiels du Sud – ils sont tous, ou presque, passés par la célèbre académie – ne pouvait être mieux traduit symboliquement.

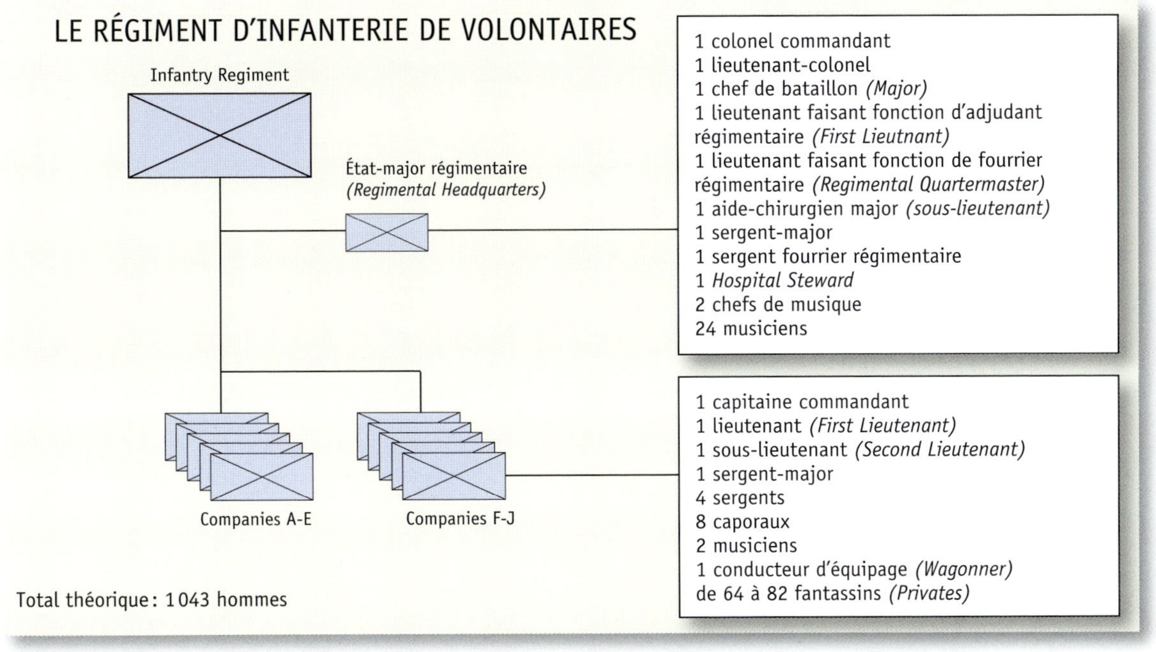

l'occurrence – de considérer que le nombre total de volontaires et de conscrits confédérés s'est élevé, entre 1861 et 1865, à environ 900 000 hommes.

L'enthousiasme des jeunes sudistes

Enthousiastes, lors du premier appel aux volontaires, les jeunes Sudistes se sont précipités vers les compagnies de milices des États. La guerre n'étant prévue que pour quelques semaines, personne ne voulait manquer l'affaire.

Lors de la seconde levée, il y eut tellement de volontaires que la Confédération dût renvoyer plus de 200 000 hommes chez eux, faute d'équipement et d'armement.

Les compagnies de volontaires, donc, issues des milices furent les premières à répondre à l'appel du président Davis. Puis, avec l'autorisation donnée par le Congrès de la Confédération de lever des troupes, les États, les villes, les particuliers, même, fournirent au Sud de nombreuses unités qui, bien vite, se regroupèrent en régiments ou en légions.

Une création de toutes pièces

Le premier problème à résoudre par les autorités du Sud fut, malgré le nombre croissant de volontaires, l'organisation totale d'une armée.

Si le Sud bénéficiait de cadres compétents – la plus grande partie des officiers, et *a fortiori*, des officiers de valeur, avait rejoint les rangs de la Confédération – il fallait toutefois mettre sur pied toutes les structures nécessaires à la conduite de la guerre : l'intendance, le service du matériel, les approvisionnements, les subsistances, un état-major, et tous les services inhérents à une armée digne de ce nom.

Ces problèmes, à dire vrai, ne furent jamais totalement résolus, les États, fiers de leur indépendance au sein de la Confédération et de leurs prérogatives, ont trop souvent mis des bâtons dans les roues de l'administration de la guerre en conservant des armes et des troupes pour leur

Un fantassin en grande tenue pose pour un photographe de studio. Le cor de chasse est l'insigne de l'infanterie et n'est pas réservé, comme en Europe, aux seuls chasseurs à pied. *(Coll. particulière, DR)*

Cette photographie de 1861 présente des officiers du *14th Louisiana Infantry Regiment* à l'entrée en guerre. On perçoit parfois mal la différence entre les redingotes civiles et les tuniques réglementaires portées par les officiers des deux camps, qu'ils appartiennent à des régiments réguliers ou de volontaires. *(Coll. particulière, DR)*

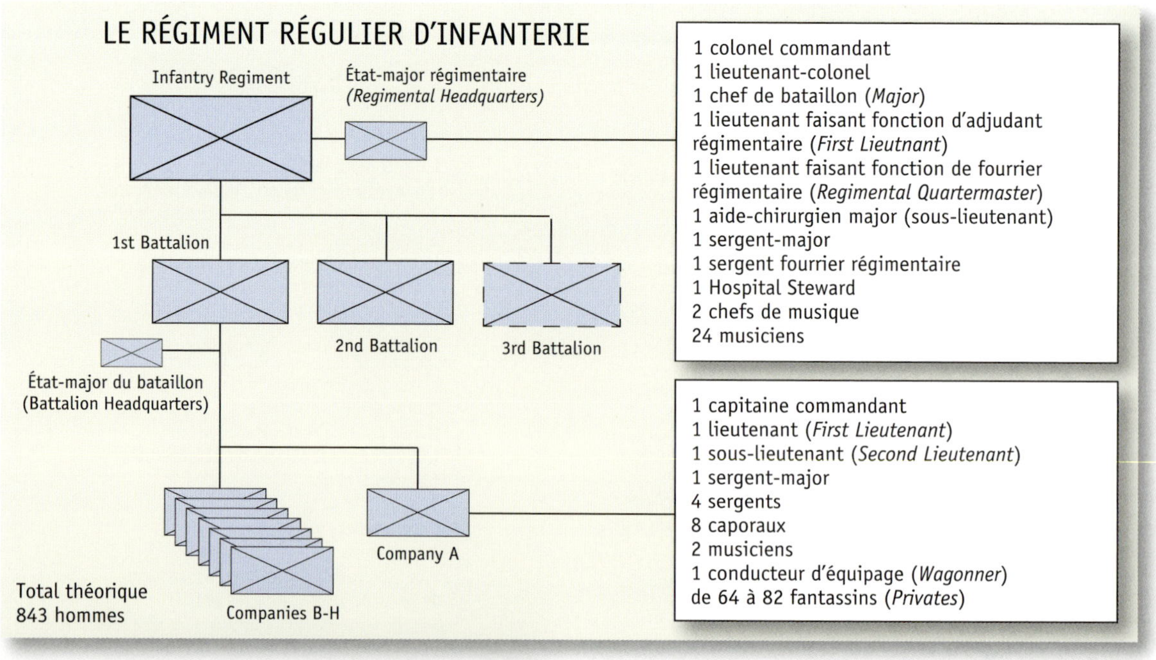

Cette célèbre photographie du *Private* Edmund Ruffin – un fantassin confédéré – présente le premier homme à avoir ouvert le feu à Fort Sumter. (*National Archives, BA-1226- 530493*)

seule défense, rappelant leurs hommes en fonction du calendrier agricole, etc.

Au final, seul le service du matériel assurant la recherche, la production, la répartition et le bon acheminement de l'armement et de la poudre remplit son rôle. Le soldat confédéré, jusqu'à l'effondrement final, put compter sur les hommes qui lui fournissaient de quoi tirer sur *Billy Yank*.

Si le gris fut la couleur choisie par la Confédération pour distinguer ses uniformes de ceux du frère ennemi du Nord, il n'en demeure pas moins vrai que, lors des premiers engagements, les troupes du Sud arrivèrent sur les champs de bataille, dans des uniformes aux couleurs et aux coupes disparates. Chaque compagnie de volontaires ou de milices possédait son uniforme propre...

Et l'on peut facilement imaginer ce que pouvait donner l'ensemble, quand on sait que ces compagnies de milices, théoriquement créées et maintenues pour la sécurité des États, entretenaient bien souvent un esprit plus proche de celui des fanfares municipales que celui propre aux unités combattantes.

Un uniforme de circonstance

Les pièces d'uniformes, comme celles de l'équipement ou celles d'armement, sont identiques, schématiquement, à celles produites et utilisées par les forces de l'Union.

Les aléas industriels, ceux du blocus tout comme certains particularismes, marques de grade, forme du képi, par exemple, expliquent les rares différences entre les deux armées.

Un passé commun, la nécessité de pouvoir réutiliser, pour le Sud, les prises de guerre ont tendance à gommer les différences par trop voyantes. Les rebelles se battaient, comme ils le disaient, souvent eux-mêmes, pour se fournir en brodequins sur les dépouilles des soldats du Nord.

La couleur *Butternut*, quant à elle, se généralise lors de l'année 1863. Ni un ersatz, ni un choix véritablement conscient, elle est le résultat d'un faisceau de circonstances, d'adaptation aux vicissitudes du moment.

L'infanterie régulière

Fantassin en grande tenue, 1861.

Sergent en grande tenue, 1861.

Fantassin en tenue de service, 1862.

Fantassin, en tenue de service, 1862, vue de dos.

Soldat en tenue de campagne allégée.

Caporal en tenue de campagne.

L'infanterie

Tambour-major en grande tenue
en 1862.

Tambour en grande tenue
en 1862.

Tambour en tenue « butternut » en 1863. Devant la pénurie des tissus gris et de teinture de ce ton, on fabriqua des tenues colorées avec des brous [de noix] qui donnent cette couleur surnommée « brou de noix ».

Caporal en veste.

Fantassin en tenue allégée
La chemise est une pièce d'habillement civil.

Tambour en manteau
« butternut ».

L'infanterie régulière

Soldat en tenue
de campagne.

Caporal en veste.

Soldat en veste.

Sergent en tenue
de campagne.

Soldat en tenue
de campagne.

Caporal en tenue
de campagne, vers 1864.

L'uniforme et l'équipement

Les marques de grade

Corporal.

Sergeant.

First Sergeant.

Ordnance Sergeant.

Company Quartermaster Sergeant.

Regimental Quartermaster Sergeant.

Sergeant-Major.

Les officiers du Sud

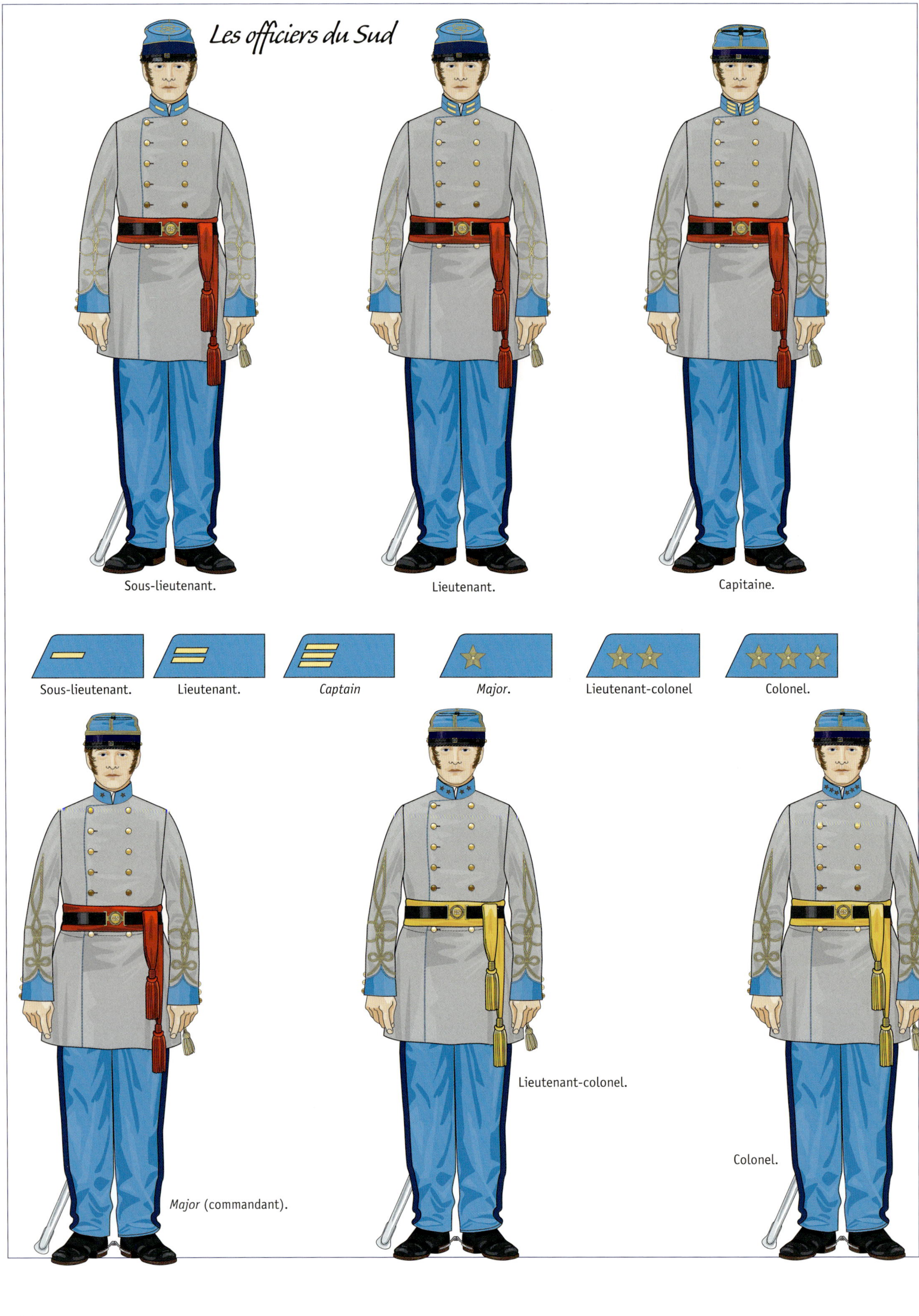

Cette photographie colorisée tente de redonner vie aux couleurs, bien ternes, des uniformes portés par ces trois fantassins d'une des divisions du général Picket, en juillet 1863, après la bataille de Gettysburg. Ils viennent d'être capturés et attendent leur transfert vers une prison. Seul, le soldat du centre porte ce qui ressemble à une pièce d'uniforme réglementaire. Cette image permet, surtout, de juger l'incroyable collection d'impedimenta qu'un fantassin peut emporter avec lui en campagne… sans havresac.
(Collection particulière, droits réservés)

Les emblêmes de l'infanterie

Drapeau de bataille « *Battle Flag* ».

Caporal porte-drapeau.

Porte-drapeau du *1st Rifle Infantry Regiment*.

Sergent porte-drapeau.

Sergent porte-drapeau.

Battle flag seconde variante.

Battle flag, première variante.

Les officiers de la Confédération

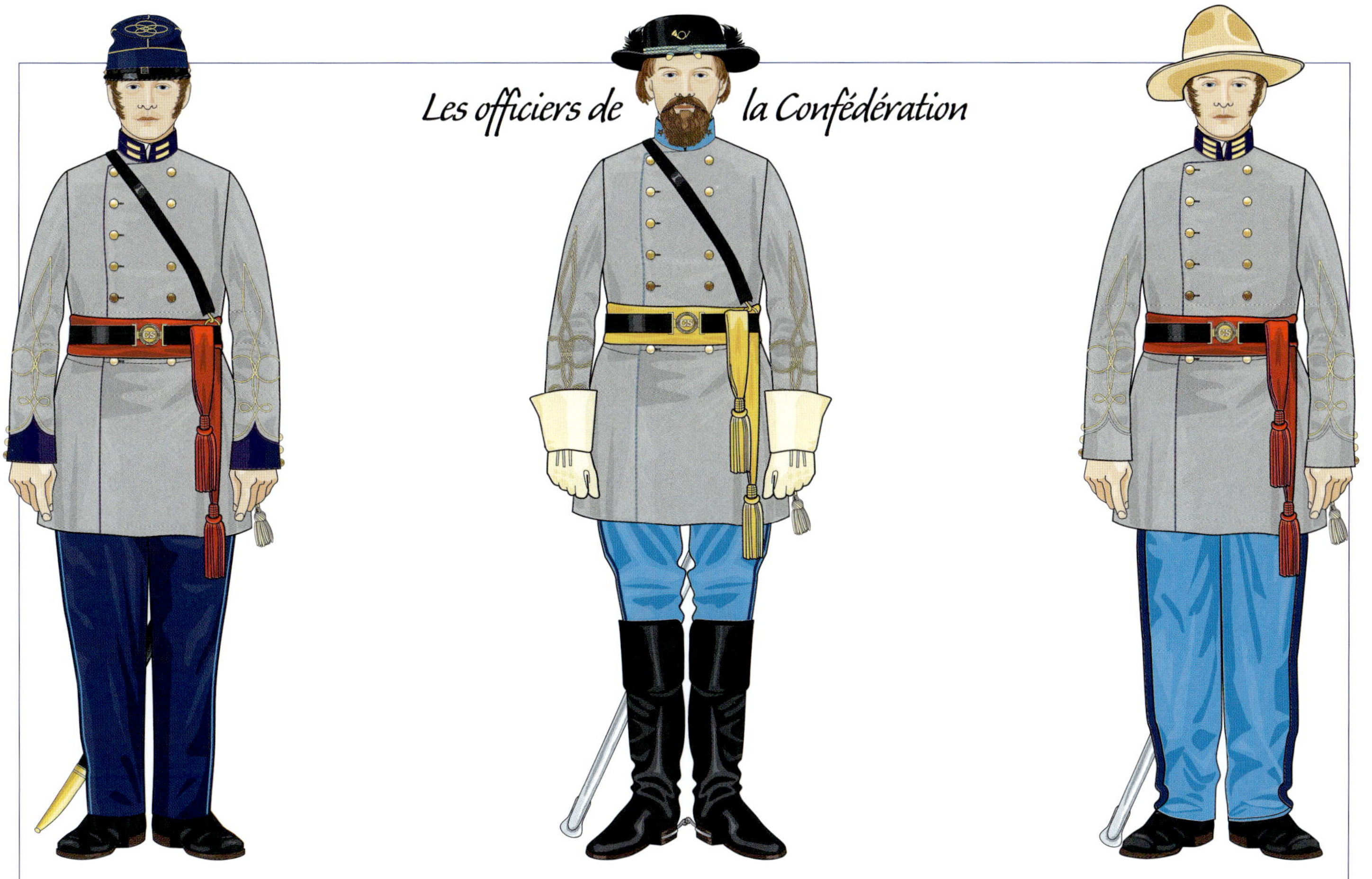

Différentes tenues d'officiers d'infanterie qui montrent l'aspect hétéroclite des uniformes de l'armée du Sud. En effet, bon nombre de soldats ont fait fabriquer leurs uniformes par des voies privées jusqu'à la fin des hostilités. Pratique révélatrice du peu de moyens que possédait l'intendance des armées du Sud pour réaliser des uniformes selon le règlement.

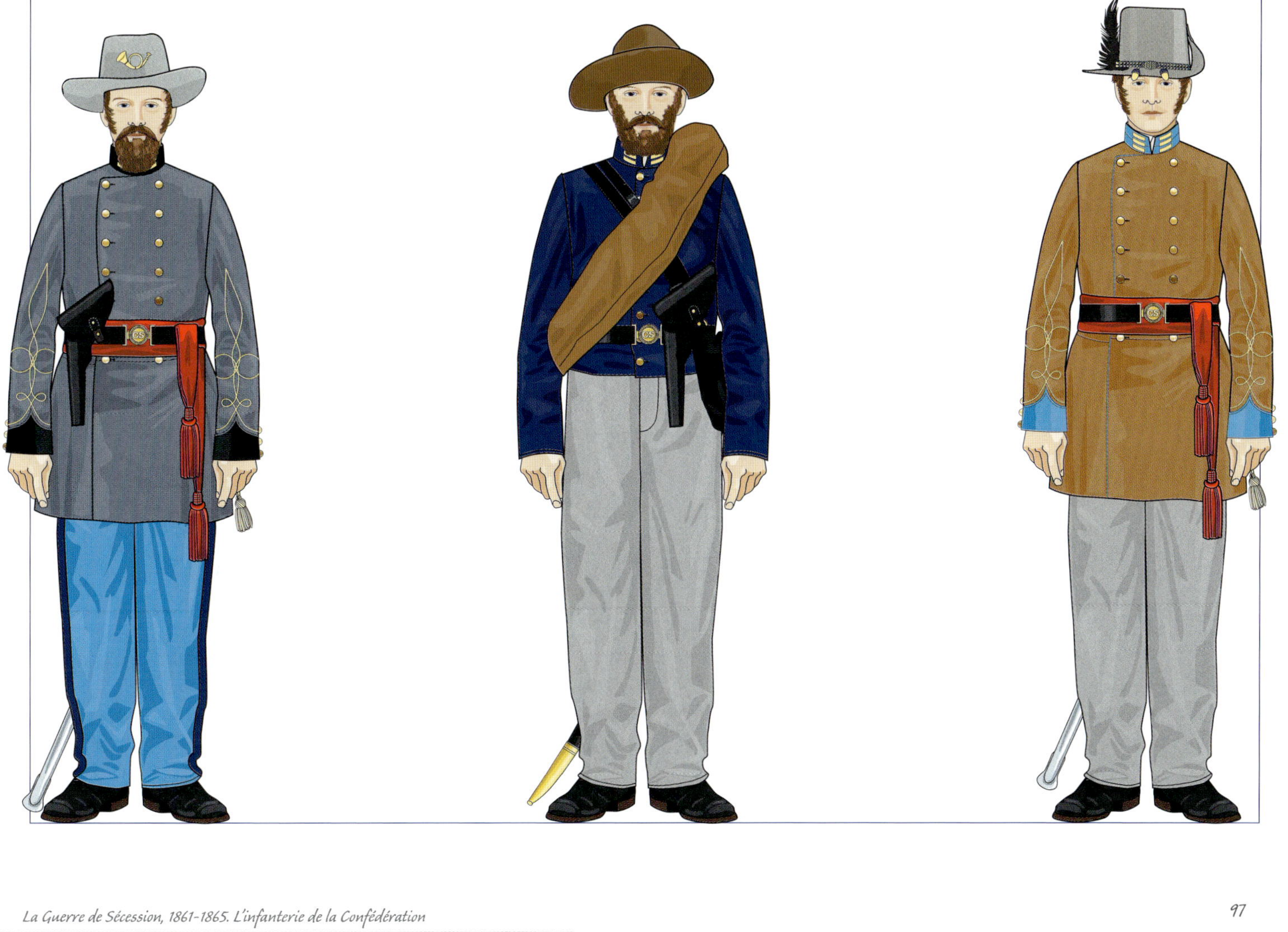

Battle flag du *5th Florida Infantry Regiment*.

Les States Troops de la Confédération

7th Florida Volunteers

Florida Volunteers.

Officier porte-drapeau.

Ces fantassins au bivouac devant Charleston en août 1861 appartiennent à un régiment des *South Carolina State Troops*. En 1863, les défenseurs de Charleston ont sévèrement étrillé les forces de l'Union qui tentaient de débarquer des navires de l'*US Navy*, lors de terribles combats de tranchées. *(Libraire du Congrès, DR)*

Alabama

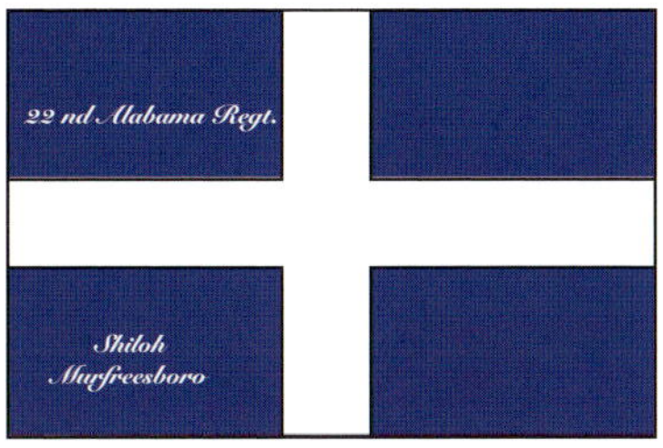

22nd Alabama Infantry Regiment.

18th Alabama Infantry Regiment.

Fantassin des *Selma Independant Blues.*

The Auburn Guard.

Officier.

Garde.

Caporal des *Montgomery Mounted Rifles.*

Private du *25th Alabama Infantry Regiment* en tenue de marche.

Les régiments de la Caroline du Nord

5th North Carolina *Infantry Regiment.*

Private du *27th North Carolina Infantry Regiment.*

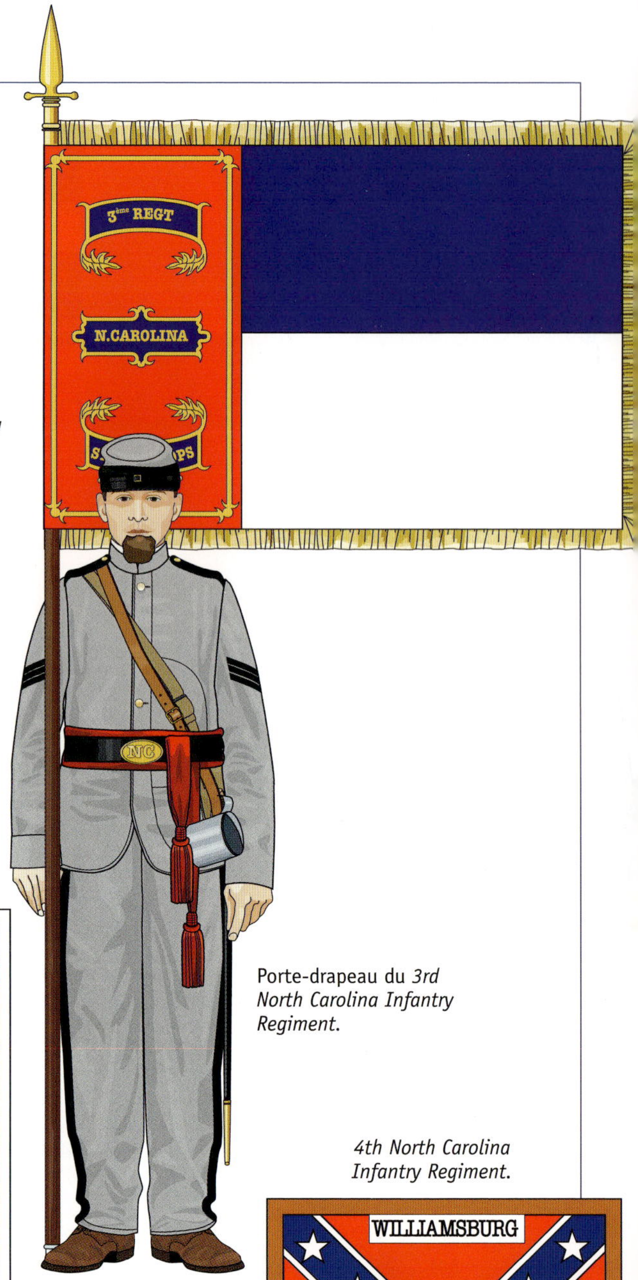

Porte-drapeau du *3rd North Carolina Infantry Regiment.*

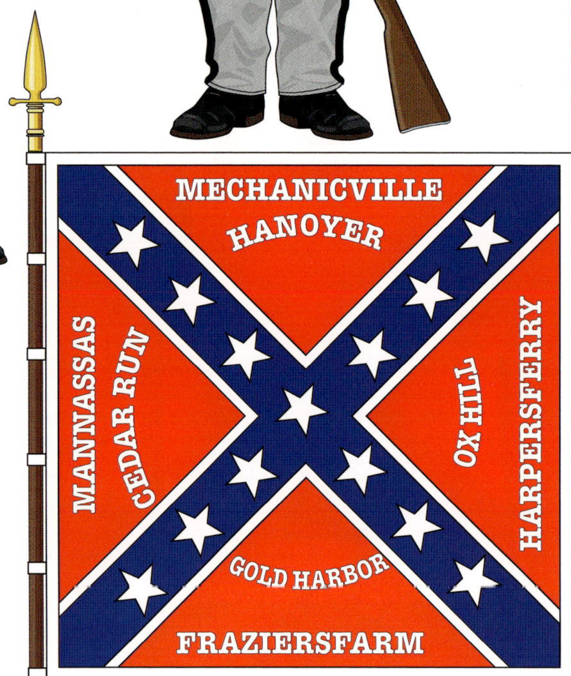

Porte-drapeau du *28th North Carolina Infantry Regiment.*

4th North Carolina Infantry Regiment.

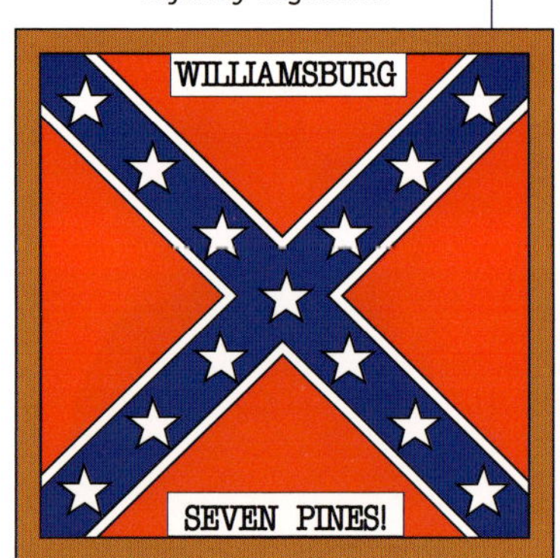

39h North Carolina Infantry Regiment.

Les régiments de la Caroline du Sud

Porte-drapeau
du *1st Rifle Infantry Regiment*.

Officier du *2nd South Carolina Infantry Regiment*.

State Flag d'un régiment de Caroline du Sud (l'emblème de l'État est un palmier, « palmetto »).

State Flag
(variante).

State Flag
(variante).

Officier du
1st South Carolina Infantry Regiment.

1stRifle Infantry Regiment.

Volontaire de la *Rhett Guard*.

Palmetto Guard
« B » Company.

Officier du *South Carolina Infantry regiment*.

Caporal de la *Washington Light Infantry*.

Private des Zouaves de MacLellan.

Les régiments de la Caroline du Sud

Cadet de Charleston.

Washington Light Infantry, « A » Company.

Cadet de la citadelle.

Fantassin de la Brook Grey,
« G » Company.

MacLellan Zouaves.

Cadet de Charleston.

Les régiments de la Caroline du Sud

MacLellan Zouaves en tenue de campagne.

Zouave de Caroline du Sud.

Légion de Hampton.

Officier 1er bataillon
de la *Louisiana Infantry*.

Zouave 1er bataillon
de la *Louisiana Infantry*.

8th Louisiana Infantry.

Les régiments de la Louisiane

Louisiana Tigers.

Louisiana Infantry.

Wheat's Tigers.

Les régiments de la Louisiane

Louisiana Tigers.

6th Louisiana Infantry.

Louisiana Tigers.

3rd Louisiana Infantry.

Louisiana Tigers.

Garibaldi Legion.

Les régiments du Mississippi

10th Mississippi Infantry Regiment.

11th Mississippi Infantry Regiment.

Officier du 11th Mississippi Infantry Regiment.

21st Mississippi Infantry Regiment.

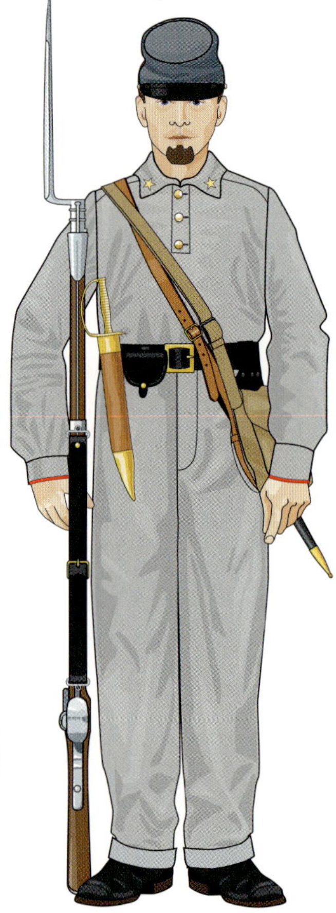

Water Valley Rifle Guard, 15th Mississippi Infantry Regiment.

Private, 17th Mississippi Infantry Regiment.

21st Mississippi Infantry Regiment.

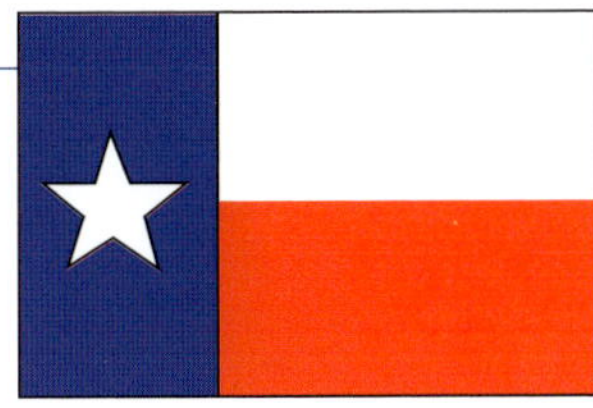

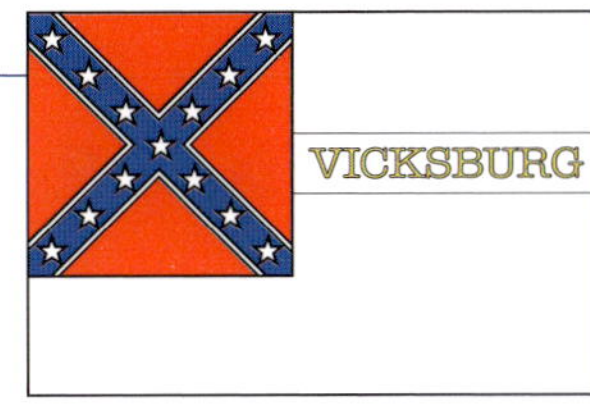

Les régiments du Texas

Sergent porte-drapeau
du *4th Texas Volunteers Infantry*.

Officier du
1st Texas Infantry Regiment.

Sergent, « *B* » *Company*
du *4th Texas Volunteers*
infantry Regiment.

Caporal du *1st Texas*
Infantry Regiment.

Fantassin d'un régiment texan
non-identifié.

Les régiments du Texas

Private du *3rd Texas Infantry Regiment.*

Volontaire du *4th Texas Infantry Regiment, « L » Company.*

Officier du *1st Texas Infantry Regiment, « D » Company.*

1st Texas Infantry « D » Company.

Texas Volunteers Infantry.

Texas Volunteers Infantry in « butternut ».

State flag.

7th Virginia regiment.

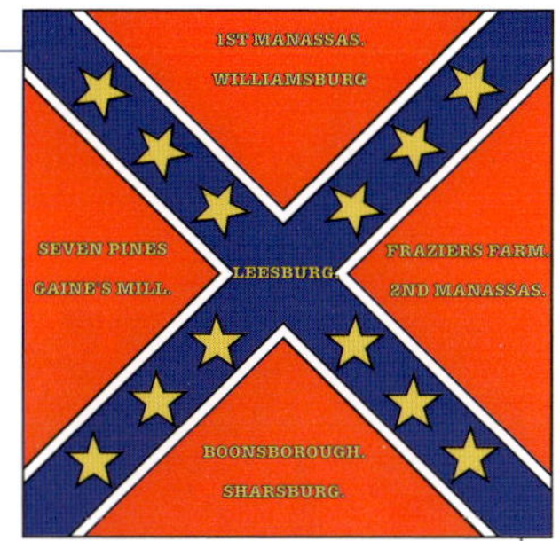

8th Virginia regiment.

Les régiments de Virginie

Officier du *11th Virginia Regiment.*

Alexandria Rifles, 17th battalion, Virginia Volunteers.

9th Virginia Regiment.

Alexandria Rifles, 6th Battalion Virginia Volunteers.

23rd Virginia Volunteers Regiment.

Les régiments de Virginie

Woodis Rifles, « C » Company,
6th Virginia Infantry.

Tambour-major,
1st Virginia Volunteers.

11th Virginia Infantry,
Lynchburg Company.

17thVirginia Infantry Regiment.

Warrenton Rifles.

Emmett Guard.

Les régiments de Virginie

Sergent-major de la *Loudown Guard*.

Salem Zouaves.

Cadet de l'académie militaire de Virginie.

Zouave du *Beauregard Rifles Battalion*.

Private de la *Lynchburg Home Guard*.

Maryland Zouaves.

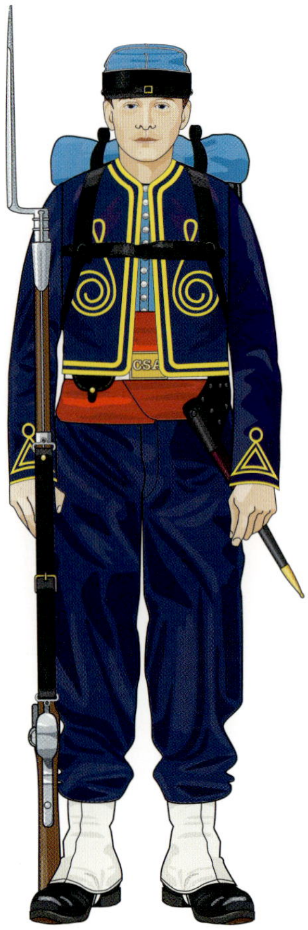

Private du *Maryland zouaves* en tenue de campagne.

Drapeau du *1st Maryland Infantry Regiment*.

Les régiments du Maryland

Maryland Guard.

Officier de la *Maryland Guard*.

Grenadier (sic) de la *Baltimore City Guard*.

1st Maryland Infantry Regiment.

L'artillerie de la Confédération

L'artillerie est organisée, comme celle de l'Union, en régiments et en batteries. Ses canons sont sensiblement du même modèle – avec plus de modèles d'importation et notamment des canons britanniques – que dans le Nord qui, lui, fabrique tous ses canons.

On distingue les canons à âme lisse des canons à âme rayée, mais aussi ceux à chargement par la bouche, qui forment la majorité, et ceux à chargement par la culasse, comme les Withworth britanniques.

L'organisation

L'artillerie confédérée compte 16 régiments et entre 220 et 260 batteries. Le rouge est la couleur distinctive de cette arme sur les uniformes.

Comme l'infanterie, les unités locales affichent parfois des tenues très variées et spectaculaires mais qui disparurent peu à peu après 1861 pour faire place à un uniforme standardisé.

Sur le papier, l'organisation est sensiblement la même que celle adoptée par l'Union. Une circulaire du Département de la guerre, datée de novembre 1861, fixe un minimum de 70 hommes par compagnie ou batterie avec dix compagnies par régiments. Ce nombre est porté à 150 artilleurs par compagnie en 1862.

L'artillerie à pied est organisée en régiments. Sur les 16 formés, cinq viennent de Louisiane, deux de Caroline du Nord, trois de Caroline du Sud, deux du Texas et quatre de Virginie.

L'organisation de base de l'artillerie légère est, là encore, la batterie. Elle comprend en moyenne quatre canons et chaque avant-train est tiré par quatre chevaux.

L'artillerie de la Confédération souffre bien souvent des mêmes difficultés que le reste de l'armée du Sud et, fréquemment, par exemple, les calibres des canons ne sont pas homogènes au sein d'une même batterie.

Le nombre de ces batteries mises en place par les sudistes oscille, au plus fort du conflit, entre 227 et 261 unités de base. Cinquante-six batteries de campagne forment l'essentiel de l'artillerie. Jusqu'à l'hiver 1862, les batteries sont assignées à chaque état-major de brigade pour l'Armée de Virginie du nord et l'Armée du Tennessee.

Au printemps de l'année 1863, l'artillerie de l'Armée de Virginie du Nord est réorganisée en bataillons.

Une pièce de gros calibre de l'artillerie de place sudiste – à chargement par la culasse – montée sur un affût circulaire et tournant devant la ville de Charleston. *(Collection particulière, droits réservés)*

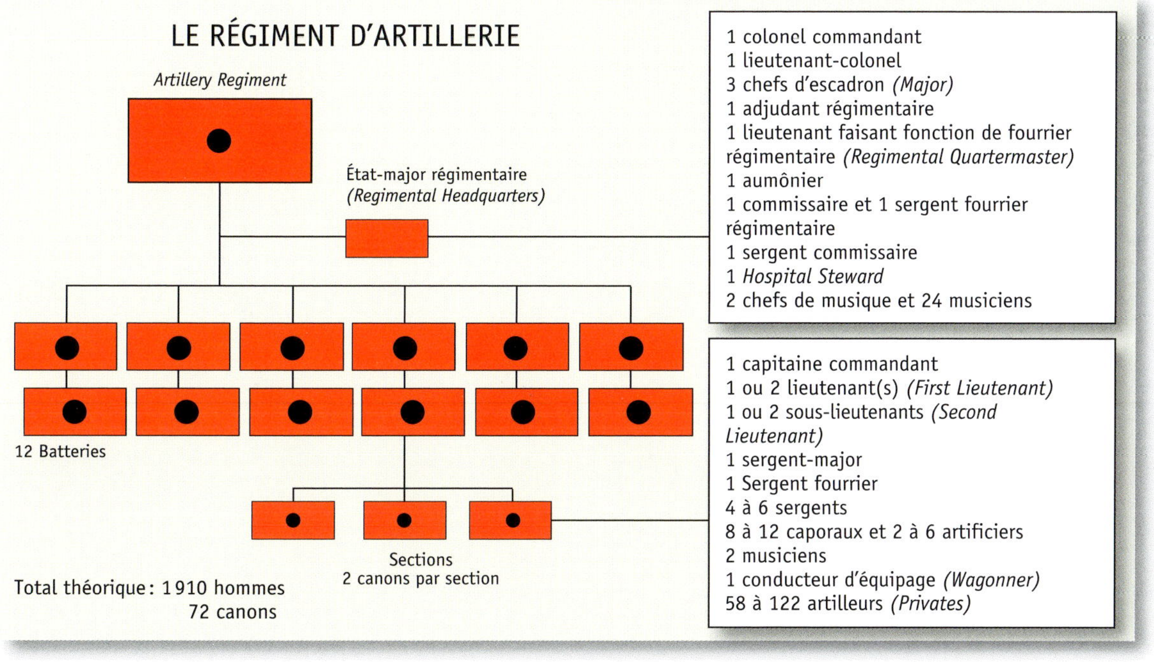

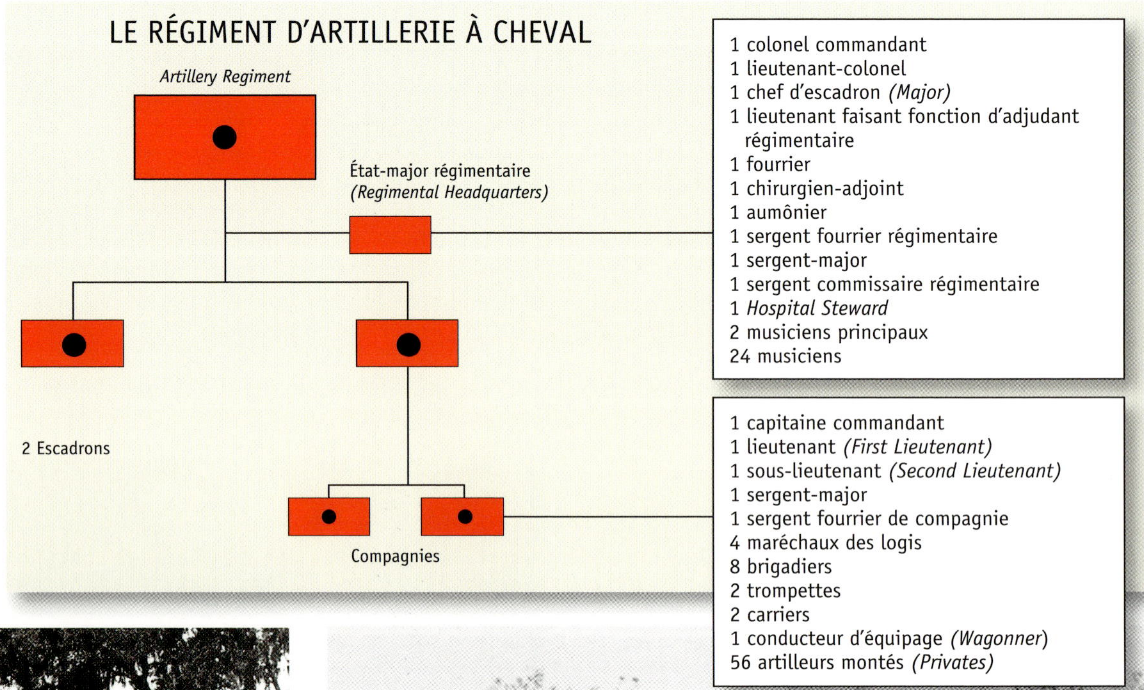

Batterie confédérée de Caroline du Sud photographiée en 1863 par George S. Cook, « Yankee » d'origine, mais installé depuis longtemps à Charleston quand la guerre éclate. Il est parfois appelé le « Matthew Brady du Sud ». *(Collection particulière, droits réservés)*

Cinq bataillons sont assignés à un Corps d'armée de trois divisions. Chacune de ces formations se voit adjoindre un bataillon, les deux restants sont placés en réserve, sous les ordres directs du quartier général du corps d'armée.

L'uniforme

La première tenue des artilleurs est décrite dans l'ordonnance du 6 juin 1861 ; elle sera modifiée le 24 janvier 1862.

La tunique grise à deux rangées de boutons est définitivement adoptée. Le rouge s'impose comme couleur distinctive de l'arme.

Au cours du conflit, les uniformes sont restés conformes au règlement, mais les artilleurs ont très vite adopté la veste courte à une seule rangée de boutons.

Bien évidemment, l'uniforme varie dans sa qualité et sa couleur passe du gris à l'ocre clair, voire l'ocre brun ; la plus grande partie de l'habillement, ainsi que l'équipement non spécifique à l'arme, est fournie par la famille du soldat.

Les canonniers d'une batterie de campagne de la Confédération poussent – et tractent – leur canon de 12-pdr en bronze « Napoleon » sur la pente d'une colline. Sous l'effort, la plupart des artilleurs ont posé la veste. L'officier, à droite, à mi-pente, scande la manœuvre. Remarquez sa tunique qui semble être bien plus sombre que le traditionnel gris sudiste ; peut-être, un officier d'une batterie d'artillerie légère. *(« Battles & Leaders of the Civil War », collection particulière, droits réservés)*

Les canonniers de la Confédération

Caporal canonnier.

Artilleur en veste avec sac servant à transporter les munitions.

Canonnier du 18e régiment d'artillerie de Virginie.

Canonnier servant de la compagnie de Lynchburg.

Caporal de la compagnie d'obusier de Richmond.

Canonnier monté de la compagnie d'obusier de Richmond.

Les emblêmes de l'artillerie

Artilleur doté d'une giberne contenant les mèches de mise à feu.

Porte-drapeau de la batterie « Palmetto » de la Caroline du Sud.

Drapeau des WLA, 5e compagnie en 1863.

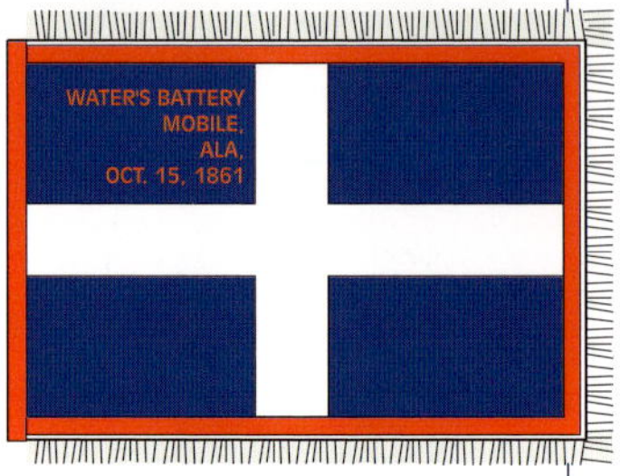

Batterie Water de l'État d'Alabama.

Compagnie A du 18e regiment d'artillerie de Caroline du Sud de fort Sumter.

Batterie de Morton, armée de Virginie du Nord.

Batterie de Vernon, artillerie du Texas.

Artilleur des *Washington Light Artillery* (WLA) en tenue de campagne.

20e régiment d'artillerie de Louisiane.

L'artillerie légère

Artilleur des *Washington Light Artillery* (WLA).

Servant d'artillerie.

Artillerie légère en manteau.

Artillerie légère, 1er régiment de Virginie.

Servant d'artillerie.

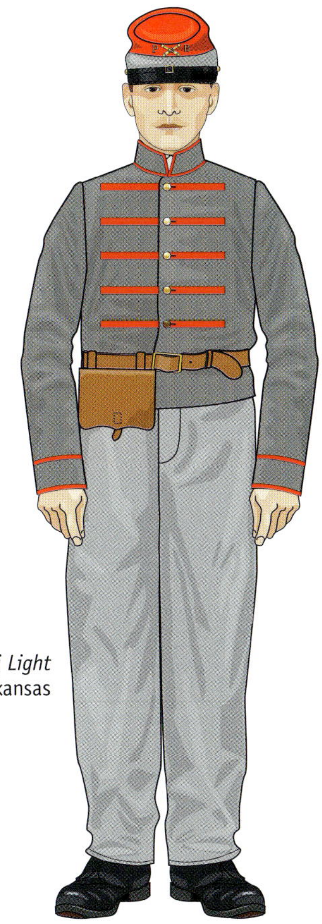

Pulaski Light Battery, Arkansas

Caporal.

Sergent.

First Sergeant.

Les marques de grade des sous-officiers

Ordnance Sergeant.

Regimental Quartermaster Sergeant.

Company Quartermaster Sergeant.

Sergeant-Major.

Les officiers de l'artillerie

Capitaine en tenue de campagne.

Major en grande tenue.

Capitaine de la 1re compagnie d'artillerie légère du Tennessee, formée en mai 1861 à Nashville.

Sous-lieutenant en grande tenue.

Officier d'artillerie légère.

Officier d'artillerie légère.

Officier d'artillerie légère.

Officier de la *Washington Light Artillery* (WLA)

Les officiers de l'artillerie légère

17e Batterie d'artillerie légère de Virginie

Officier d'artillerie légère.

Officier d'artillerie légère.

L'uniforme
Képi
Tunique.
Gilet.
Chemise.
Glaive d'artillerie
attribué aux gradés.
Poche pour capsules
de fulminate.
Chaussures.
Bidon.
Giberne
Grand équipement.
Pantalon.
Havresac.
Fusil d'infanterie.

Canon Armstrong de 3 inches à chargement par la culasse. Il tire des munitions de 12 livres à 2 100 yards.

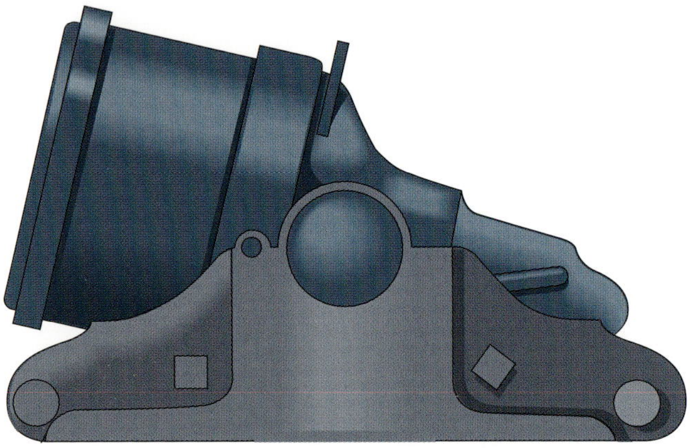

Mortier à pierre de 16 inches. Il est utilisé avant les assauts d'infanterie et comme défense de position en envoyant un projectile sous forme de boîte à mitraille.

Caisson à munitions avec roue de rechange et une barre de timon en dépannage. Le caisson peut transporter trois artilleurs.

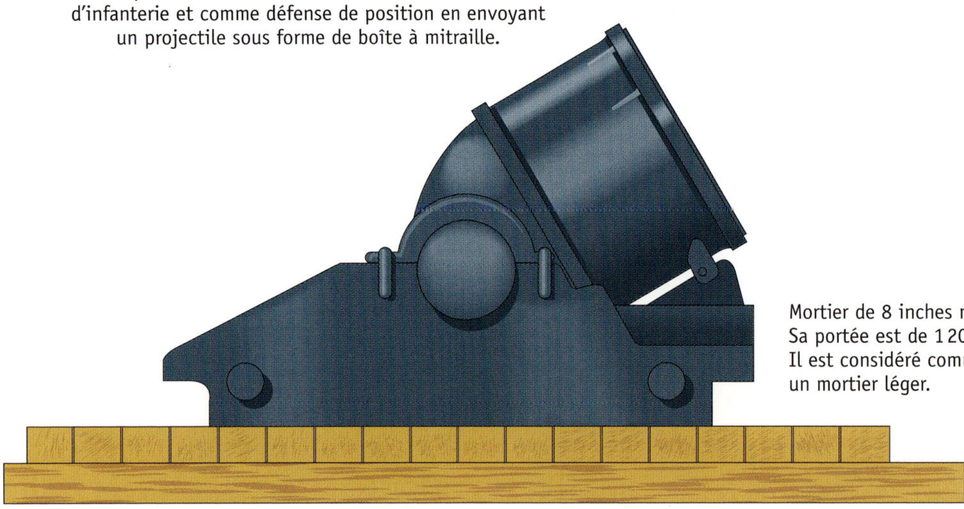

Mortier de 8 inches modèle 1841. Sa portée est de 1 200 yards. Il est considéré comme étant un mortier léger.

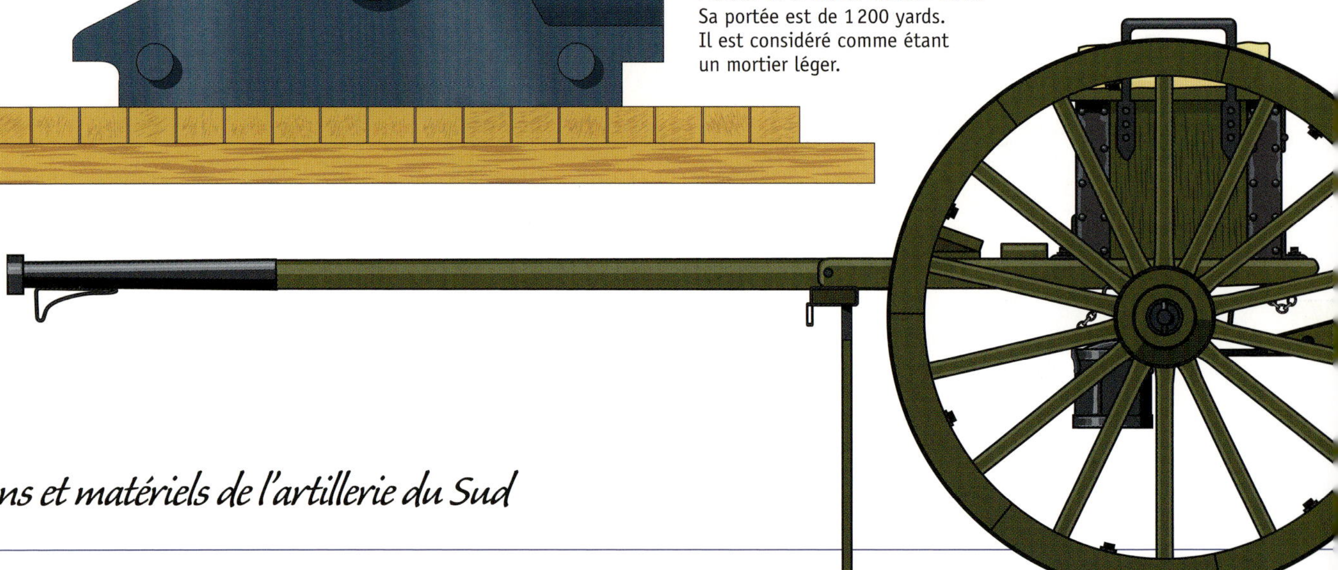

Canons et matériels de l'artillerie du Sud

Le service de santé du Sud

Médecin-major.

Médecin-major en tenue réglementaire.

Médecin-major.

Voiture ambulance.

Ambulancier, brancardier.

Hospital steward.

Le service de santé

Comme dans l'armée de l'Union, le service de santé est sous la responsabilité d'un médecin général et de son état-major. Celui comprend deux adjoints, des officiers supérieurs, l'un pour le département trans-Mississippi et l'autre à Richmond, ainsi que cinq médecins.

En septembre 1864, la direction du service de santé se dote de dix-huit médecins directeurs, répartis dans les différents corps d'armée, huit médecins directeurs d'hôpitaux, six médecins inspecteurs.

A cela, il faut ajouter un nombre variable de médecins inspecteurs par hôpitaux, de médecins fournisseurs ainsi que cinq médecins chargés de contrôler l'expertise médicale des chirurgiens. Tous ont rang de colonel.

Par la suite, tous les médecins servant dans les régiments ou hôpitaux de campagne ont rang de *Major*. Environ 1000 médecins ont servi dans l'armée confédérée.

Des assistants sont recrutés par contrat; ils ont rang de sous-lieutenant. Les médecins sont considérés par la Confédération – comme par l'Union d'ailleurs – comme non combattant et ne sont pas faits prisonniers de guerre en cas de capture.

La plupart des médecins avant le conflit exercent à la campagne ou dans les petites villes; ils sont donc plus habitués aux accidents et aux naissances qu'aux traumatismes graves des blessés de guerre.

La médecine de l'époque n'utilise pas l'anesthésie et le fléau le plus redoutable demeure les maladies infectieuses et les suites post-opératoires.

Dans l'armée de Virginie du Nord, à la mi-1863, le service de santé est ainsi organisé:

- un médecin directeur de l'armée;
- un médecin directeur pour chaque corps et chaque brigade;
- chaque régiment a son médecin, son assistant, deux ambulances et un wagon sanitaire;
- deux hommes par compagnie sont attachés au service de santé comme brancardiers. Ils suivent la troupe au combat et évacuent les blessés vers l'hôpital de l'arrière. Les musiciens du régiment sont souvent utilisés à cette tâche. Chaque régiment possède, au moins, un *Hospital Steward* ayant des connaissances en médecine et pharmacie; il est assisté d'un administratif et tous deux sont en charge des malades et de leur évacuation. Une structure identique est en charge des hôpitaux, renforcée par deux infirmiers et deux aides pour 100 lits.

L'hôpital général de Richmond se nomme Huge Chimborazo. Il est composé de cinq hôpitaux pouvant recevoir près de 4800 blessés en même temps.

Le corps du génie

Le 24 octobre 1861, le président Jefferson Davis décide que le génie *(Specialist troops)* est *« un corps où le grade de lieutenant n'existera pas et dont les membres sont sélectionnés pour leurs qualifications spéciales. »* À l'origine, donc, le corps est composé de sous-officiers placés sous la direction du bureau central du génie. Le corps du génie des États du Sud est composé d'une compagnie de sapeurs, d'une de mineurs et d'une de pontonniers.

Dès les premiers combats du conflit, les unités voient leurs hommes, récemment enrôlés, répartis dans des brigades pionnières provisoires toutes les fois où les travaux de terrassement – ou de destruction – se révèlent nécessaires. Les officiers du génie sont, pour leur part, attachés au personnel d'état-major de chaque armée, corps d'armée, division ou brigade.

Les travaux de gros œuvre de terrassement dirigés par le génie sont réalisés par des soldats prélevés sur les régiments d'infanterie présents sur les lieux.

Les constructions et destructions de ponts et d'ouvrages ainsi que les fortifications sont confiées à des spécialistes de cette arme savante auxquels sont adjoints des soldats provenant des régiments d'infanterie.

En 1863, deux régiments du génie sont levés pour la campagne de 1864.

Le 1er bataillon du génie est organisé par le département trans-Mississippi durant l'hiver 1863-64 et comprend quatre compagnies. Il devient par la suite 1er régiment et sert à l'armée de Virginie du Nord.

Le 2e régiment est organisé à l'été 1863, ses quatre compagnies sont réparties sur tous les théâtres d'opérations de l'armée confédérée. Les deux premiers sont envoyés vers l'Armée de Virginie du Nord.

Le 3e régiment est créé au même moment avec neuf compagnies, alors que le 4e régiment n'en comprendra que trois.

Les sapeurs du génie de la Confédération connaissent leurs heures de gloire lors des combats pour la prise de Petersburg. Les officiers du génie portent l'uniforme standard des officiers confédérés avec la couleur buffle comme distinctive (ocre clair). Les sous-officiers arborent des galons de même couleur ou blanc.

Les transmissions

Le sous-lieutenant Edward P. Alexander est, avant la guerre, l'assistant du capitaine Myers lors de la mise au point du système de signalisation basé sur l'emploi des torches et drapeaux.

A la déclaration de la guerre, E.P. Alexander rejoint les rangs du Sud. Son rôle dans les transmissions des ordres entre les différentes unités de l'armée confédérée, lors de la première bataille de Bull Run, est d'une importance primordiale. Sa participation décisive à cette première victoire est d'une totale évidence.

Le premier corps de transmissions est créé en avril 1862. Confié au capitaine W. Norris, il est constitué de dix officiers subalternes, dix sous officiers et d'un nombre suffisant de soldats. En novembre de la même année, il passe à 30 officiers et 30 sous-officiers. Un détachement de trois à cinq soldats, sous le commandement d'un sous-officier supérieur, ou d'un lieutenant, est affecté à chaque état-major de division et de brigade de cavalerie. Concurremment aux transmissions des forces terrestres, un second corps est mis sur pied par un officier de marine. Cette unité opère sur les rivières de Virginie.

L'armée du Tennessee, vers la fin de l'année 1862, se dote également d'un service de transmissions. Centralisé à Richmond, le « corps des transmissions » n'est pas seulement responsable des communications internes mais possède aussi un bureau de renseignements militaires et de contre-espionnage. Les officiers des transmissions, comme les sous-officiers, portent la tenue du génie avec un insigne spécifique aux transmissions identique à celui de l'Union mais, cette fois, en métal argenté.

Le génie de la Confédération

Major.

Bouton du génie
de la Confédération

Lieutenant-colonel.

Capitaine.

Drapeau de l'état-major du génie
de l'Armée de Virginie du Nord.

Major.

Major du 1er régiment du génie
de l'Armée de Virginie du nord.

Sergent du 1er régiment du génie
de l'Armée de Virginie du Nord.

Soldat du 1er regiment
du génie en 1864.

Le Corps des Marines des États confédérés *(Confederate States Marine Corps, CSMC)* est créé le 16 mars 1861 par une loi du Congrès confédéré. Il est placé sous les ordres du colonel Lloyd J. Beall [1], à Norfolk en Virginie.

Des déserteurs et des marins

L'effectif du CSMC est tout d'abord fort de 45 officiers et 944 hommes. Il passe à 1026 hommes en 1862. Parmi ces premiers soldats, on trouve 16 officiers et 100 *Privates* qui ont démissionné ou déserté du corps des Marines des États-Unis.

Ils sont rejoints rapidement par les Marines de l'État de Virginie. Le CSMC *« était composé de soldats, dont plusieurs étaient de vieux soldats et des officiers, dont un certain nombre avait été en service auparavant dans le corps des Marines des États-Unis et ailleurs*[2] *»*.

Bien qu'auréolé d'une certaine gloire, le corps n'a jamais fait le plein d'effectifs. En 1864, on trouve sur les rôles de l'unité seulement 539 officiers et soldats.

La dernière compagnie du CSMC se rend aux forces de l'Union en avril 1865, un mois avant la capitulation finale de la Confédération.

Une filiation évidente

Bien évidemment, le Corps des Marines des États confédéré est inspiré du corps des Marines des États-Unis qui est toujours corps de l'armée de l'Union. Toutefois, les Marines du Sud sont organisés en compagnies permanentes.

Après 1863, ils remplacent le fifre par le clairon de l'infanterie légère; une manière inattendue de se démarquer de leurs homologues du Nord.

Comme les soldats de l'*United States Marine Corps*, quand ils sont à terre, les fantassins fournissent des détachements de garde pour les stations navales confédérées.

Une fois encore, à l'image des hommes de l'Union, les Marines de Jefferson Davis forment des détachements servant à bord des navires de guerre de la Confédération.

Le corps des Marines en 1862

- 1 colonel-commandant
- 1 lieutenant-colonel
- 3 *Majors* (1 quartier-maître, 1 trésorier, 1 adjudant)
- 10 capitaines
- 10 lieutenants (*First lieutnant*)
- 20 sous-lieutenants (*Second lieutnant*)
- 1 sergent-major
- 1 sergent fourrier
- 60 sergents
- 60 caporaux
- 30 tambours
- 30 fifres
- 2 musiciens principaux
- 2 musiciens
- 840 *Privates*

L'organisation en compagnies

Le *C.S. Marine Corps* est formé de plusieurs compagnies de garnison « terrestre » et de détachements bord des navires.

Les compagnies A, B, et C sont formées, au printemps de 1861, à la Nouvelle Orléans. Les compagnies C et D, E, puis l'éphémère compagnie F, se déplacent au gré des affectations et de combats de la Georgie (Savannah), à la Floride (Pensacola) en passant par la Louisiane (Nouvelle Orléans), l'Alabama (Mobile) ou le Tennessee (Memphis).

Un bataillon dit « de campagne » est créé en novembre 1861 avec les trois premières compagnies du Corps.

Cette unité est engagée dans la défense de Richmond contre les attaques fluviales tout en assurant les détachements à bord des navires de guerre de Norfolk.

Le bataillon s'illustre, au sein de l'arrière-garde de Lee, pendant la retraite après la prise de Richmond. Le bataillon est alors amalgamé au bataillon de la Marine de la brigade navale du brigadier général Tucker (contre-amiral commandant l'escadre de Charleston). Lors de la célèbre bataille entre les cuirassés *USS Monitor* et *CSS Virginia*, la compagnie C sert à bord du cuirassé sudiste.

La compagnie D, dissoute, puis reconstituée, passe la guerre à Pensacola puis Mobile. Elle est la dernière compagnie du CSMC à se rendre. La compagnie E, pour sa part, rejoint l'armée du Tennessee sous les ordres du général Semmes, en Caroline du Nord. La compagnie F est la compagnie de « dépôt du Corps ».

Avec d'autres unités de la marine confédérée, les Marines ont souvent servi d'instructeurs aux artilleurs en formation. Ils combattent le plus souvent à bord des vaisseaux de la marine de la Confédération et participent à plusieurs opérations amphibies.

Sans toutefois briller par leurs actions au combat, les Marines – à l'exception de quelques détachements plus connus pour leurs désertions et leurs mutineries que pour leur bravoure – ont fait une guerre honorable.

L'uniforme

L'uniforme ressemble à celui prescrit pour l'armée confédérée. Peu de pièces nous sont parvenues et le doute subsiste quant à la réalité des tenues portées au combat.

Les Marines sont souvent équipés avec les tenues et les équipements des magasins de la garnison la plus proche de leur position. Leur tunique est d'une nuance de gris particulière (et indéterminée) et d'un pantalon bleu foncé.

La coiffure est le képi, bien qu'il nous soit impossible de déterminer si un quelconque ornement était présent sur celui-ci.

La plus grande partie de l'équipement arboré est importée du Royaume-Uni ou du Canada, ce qui explique l'allure assez inhabituelle de ces soldats du Sud.

1. Le colonel-commandant Lloyd J. Beall est un ancien trésorier de l'armée américaine qui n'a jamais servi dans la Marine mais bien – après West Point – comme fantassin au *1st US Infantry Regiment* et comme cavalier au *2nd Dragoons,* avant de devenir trésorier.
2. Déclaration du colonel-commandant Beall en 1861.

Le CS Marine Corps

Private du *CS Marine Corps*.

Private du *CS Marine Corps* en tenue du début du conflit.

Caporal du *Marine Corps*.

Sous-lieutenant. Lieutenant. Capitaine. *Major*. Lieutenant-colonel. Colonel.

Sergent du *Marine Corps*.

Caporal du *Marine Corps* en tenue d'été.

Officier du *Marine Corps*.

Les marins de l'US Navy

Matelot en tenue d'abordage. Matelot en tenue d'été. Matelot en tenue de garde. Matelot en tenue d'hiver.

Officiers de l'US Navy

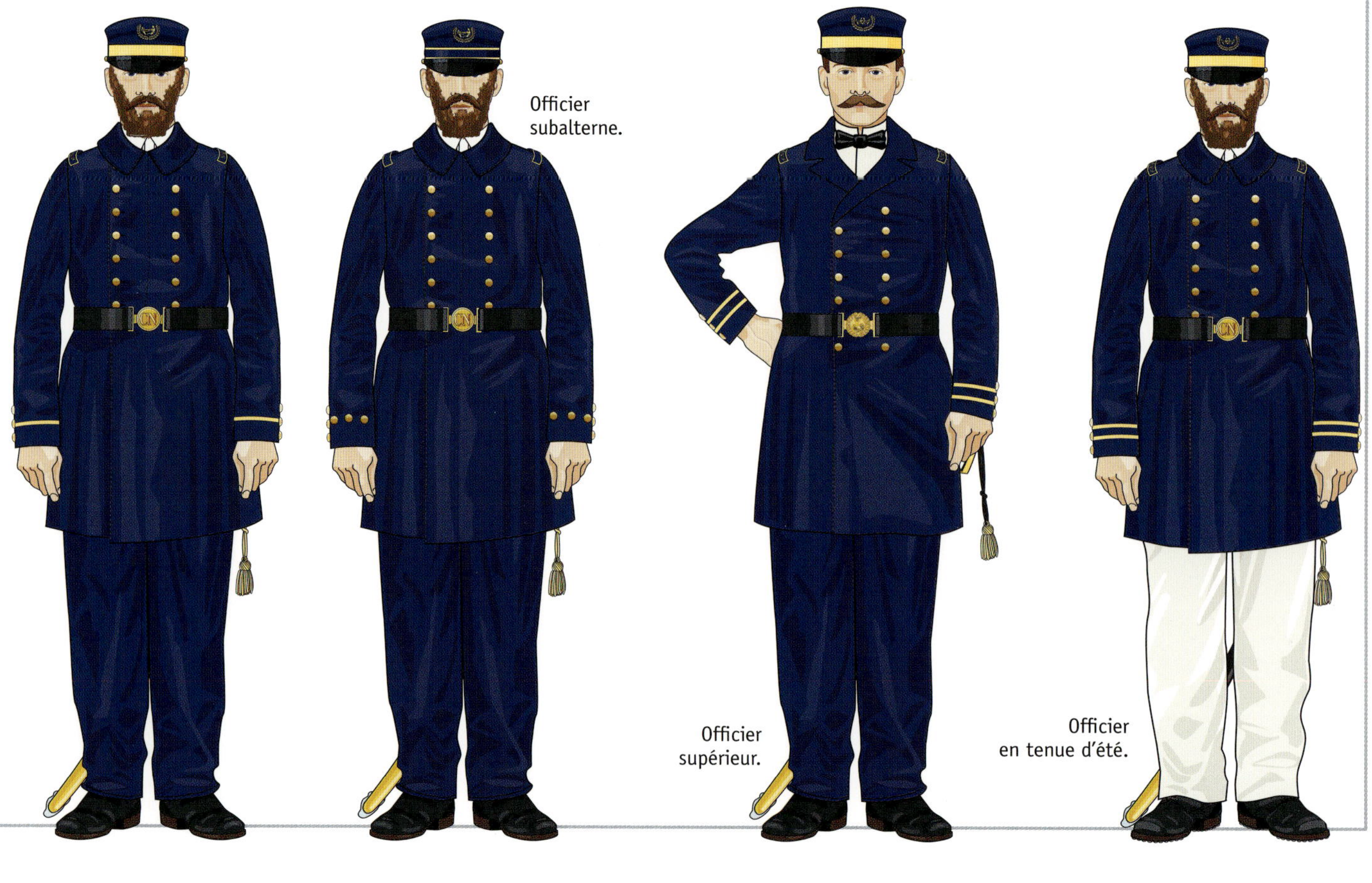

Officier subalterne. Officier supérieur. Officier en tenue d'été.

Les marines de la Guerre civile

La Marine de l'Union

L'*US Navy*, conçue historiquement pour tenir tête à la *Royal Navy* anglaise, est une marine de guerre de taille moyenne. Depuis la Révolution ou ses opérations de police en Méditerranée, au début du XIXe siècle, elle n'a pas eu de grandes occasions de montrer sa valeur. Au début du conflit, l'*Union Navy* – ex *United States Navy* – est obligée de se lancer dans une révolution technique et structurelle. Les bateaux à voiles, par exemple, sont remplacés par des navires à vapeur.

Au début des hostilités, forte de 90 navires à voiles et à vapeur, la marine des États de l'Union se développe, passant à 386 bateaux, armés de plus de 3 000 canons.

Sa première mission est de mettre le plus rapidement – et le plus efficacement possible – en place le blocus des ports de la Confédération.

La seconde est de fournir un soutien et un appui d'artillerie aux forces terrestres engagées dans la défense des États du Nord, puis de la conquête du Sud. C'est ainsi qu'est mise sur pied une imposante marine fluviale qui jouera un grand rôle dans la reconquête et sera chargée des communications sur les rivières de l'intérieur.

Bien entendu, la marine de guerre de l'Union est chargée de combattre la flotte du Sud. Elle répond présente dans les premiers combats de cuirassés entièrement blindés, même si tous les affrontements ne tournent pas en sa faveur.

Le grade le plus élevé au début du conflit est celui de *Captain* (capitaine de vaisseau) et quand le besoin de commander plusieurs navires apparaît, un des *Captains* est nommé au grade – temporaire – de *Commodore*. Les amiraux seront créés par le Congrès au cours du conflit pour récompenser le célèbre David Farragut, puis afin de marquer l'avancement des autres officiers. Il n'y a pas de retraite dans la marine américaine pour les officiers, ce qui explique l'âge très avancé de la plupart d'entre eux, au début du conflit.

À la fin de 1862, le Congrès de Washington fait preuve d'innovation en permettant le lancement du premier navire-hôpital de l'histoire, l'*USS Rover*, qui ne quittera pas les eaux les plus calmes du nord du continent. L'*Union Navy* déplorera la mort de 4 350 marins (dont 1 800 au combat). Le rapport de un mort pour 50 marins – très loin des 1 pour 12 soldats engagés sur terre – est un bon rapport de la terrible réalité de la guerre en mer.

Après la guerre, la très belle Marine de l'Union redevient *US Navy* et licencie une grande partie de ses effectifs qui tomberont à 2 000 officiers et 10 000 marins.

Double page suivante. Matelots et *Privates* du *Marine Corps* de l'Union posent sur le pont de la canonnière *USS Mendota*, en 1864. *(National Archives 111-B-129-524548)*

À gauche. Le contre-amiral Farragut, de l'*United States Navy* en tenue de service, 1862. *(National Archives 111-B-5889.529975)*

Un *Torpedo boat* de la marine confédérée échoué près de la ville de Charleston en 1865. La Guerre de Sécession peut être considérée comme un grand laboratoire guerrier où furent expérimentés les cuirassés entièrement blindés (les *Monitor*), les sous-marins, les trains blindés – ou non – mais, aussi, les ballons, les mitrailleuses, le tout à grande échelle. *(Photographie de Selmar Rush Seibert. National 165-C-751. 533 129)*

La Marine de la Confédération

Le *USS Saint-Louis*, est le premier cuirassé entièrement blindé. Il sera renommé *Baron de Kalb* en octobre 1862. À la fin du conflit, l'*Union Navy* aura construit 208 navires mais en aura acheté 418. *(Collection particulière, droits réservés)*

La *Confederate States Navy* (CSN) est la marine de guerre des États confédérés d'Amérique. Elle est créée par le Congrès de la Confédération le 21 février 1861.

Chargée des opérations navales du Sud pendant le conflit, son rôle consistera surtout à assurer la protection des ports et des côtes contre tout débarquement nordiste.

Les marins de la Confédération doivent, de plus, mener une guerre économique en tentant de briser l'imposant blocus qu'instaure l'*Union Navy* le long des côtes de la Confédération et mener une guerre de course en attaquant les navires marchands du Nord, partout où ils naviguent.

Un bon tiers des officiers de l'US Navy quittent leur arme d'origine pour rejoindre et former les cadres de la nouvelle flotte de la Confédération.

Malheureusement pour l'économie et la conduite de la Guerre du président Davis, seulement 4 % du tonnage de la flotte militaire et 10 % de celle de la marine marchande passent sous pavillon confédéré.

Quelques semaines avant le début de la guerre, la marine de la confédération aligne 30 vaisseaux de guerre – la moitié est en mesure de livrer bataille en mer –, contre les quatre-vingt-dix de la marine nordiste.

Près de la moitié de ces derniers est tout aussi peu utilisable que les vaisseaux en cale sèche de la marine confédérée.

La marine du Sud n'égalera à aucun moment de la guerre la puissance de la marine de l'Union. Elle sut, cependant, faire preuve d'intelligence et n'hésita jamais à utiliser les innovations technologiques en matière de guerre navale. C'est ainsi qu'elle est la première marine au Monde à utiliser en condition de combat les cuirassés à coque en fer – le *CSS Virginia* –, les sous-marins – *CSS H. L. Hunley* –, qui ont réussi à couler ou endommager 28 navires fédéraux, les bateaux torpilles ou les mines flottantes. Les premiers submersibles lancés par les Sudistes se révèlent, bien souvent, tout aussi dangereux pour les premiers sous-mariniers de l'histoire de la guerre navale que pour les marins de l'Union dont les vaisseaux sont les cibles.

Les statistiques impressionnantes de ces dernières armes donnent 48 navires de l'Union endommagés ou coulés... et 11 navires confédérés.

À la fin de la guerre, la CSN met en œuvre plus de 100 navires de guerre ; malheureusement pour les Confédérés, la croissance de la marine de l'Union suivra une courbe identique.

Le président de la Confédération, Jefferson Davis, accorde rapidement des lettres de marque à de nombreux vaisseaux corsaires armés par les riches négociants des grands ports et certains propriétaires terriens de Virginie ou de Caroline.

Il suffit de se souvenir du capitaine Rhett Butler et d'*« Autant en emporte le vent »*...

Les marins du Sud

Matelot en tenue d'abordage.

Matelot en tenue d'été.

Matelot en tenue de garde.

Hommes d'équipage.

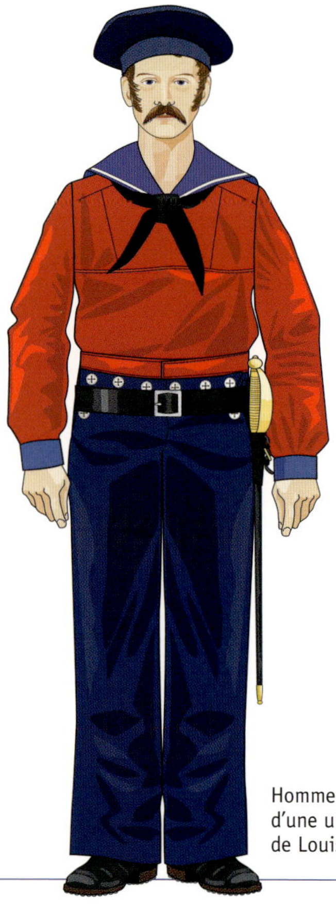

Hommes d'équipage d'une unité navale de Louisiane.

Lieutenant, officier d'équipage.

Medecin.

La Marine de la Confédération

Pavillons de navire.

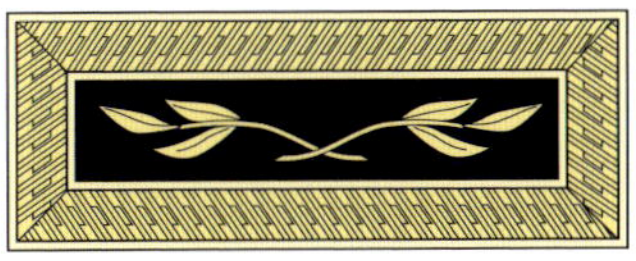

Patte d'épaule de Médecin.

Marque de garde – insigne de coiffure de la marine confédérée. (de bas en haut)
- *Master*
- *Lieutenant*
- *Captain*
- *Commander*
- *Flag Officer*

Marque de garde – patte d'épaule – de la marine confédérée. (de bas en haut)
- *Master*
- *Lieutenant*
- *Captain*
- *Commander*
- *Flag Officer*

Marque de garde – nœud de manche de la marine confédérée. (de bas en haut)
- *Master*
- *Lieutenant*
- *Captain*
- *Commander*
- *Flag Officer*

Lieutenant, officier d'équipage, en tenue d'été.

Le *USS Commodore Perry* est un ferry-boat de la marine de l'Union converti en canonnière, sur la Pamunkey River, Virginie, 1864.
(National Archives 11-B-411-524831)

Les États de l'Union et de la Confédération

CANADA
New Hampshire
Maine
Vermont
Michigan
Wisconsin
Massachussetts
New-York
Connecticut
Rhode Island
Michigan
Iowa
Pennsylvanie
New Jersey
Ohio
Illinois
Indiana
Delaware
Maryland
Virginie Occ.
Virginie
Kentucky
Missouri
Caroline du nord
Océan Atlantique
Tennessee
Arkansas
Caroline du sud
Légendes
Géorgie
Mississippi
Alabama
États de l'Union
États confédérés
États
revendiqués par les deux camps
Territoires
Louisiane
Floride
Golfe du Mexique
Territoires de l'Union
Territoires indiens

Armée de Northeastern Virginia

- **Brigadier général P. G. T. Beauregard,** commandant en chef
Colonel Thomas Jordan, chef d'état-major

● **PREMIÈRE BRIGADE**
Brigadier général Milledge L. Bonham
- 11th North Carolina
Colonel William W. Kirkland
- 2nd South Carolina
Colonel Joseph B. Kershaw
- 3rd South Carolina
Colonel James H. Williams
- 7th South Carolina
Colonel Thomas G. Bacon
- 8th South Carolina
Colonel E. B. C. Cash
- Alexandria (VA) **Battery**
Capitaine Delaware Kemper
- 8th Louisiana. Col Henry B. Kelly
- 1st Company, Richmond Howitzers
Capitaine John C. Shields
- 30th Virginia Cavalry
Colonel R. C. W. Radford
- Munford's squadron.
Lieutenant-colonel Thomas T. Munford

● **DEUXIÈME BRIGADE**
Brigadier général Richard S. Ewell
- 5th Alabama. Colonel Robert E. Rodes
- 6th Alabama. Colonel John J. Seibels
- 6th Louisiana. Colonel Isaac G. Seymour
- 1st Company, Washington Artillery
Capitaine Thomas L. Rosser
- **Cavalry battalion.**
Lieutenant-colonel William H. Jennifer

● **TROISIÈME BRIGADE**
Brigadier général David R. Jones
- 17th Mississippi.
Colonel Winfield S. Featherston
- 18th Mississippi.
Colonel Erasmus R. Burt
- 5th South Carolina.
Colonel Micah Jenkins
- Appomattox Rangers, 30th Virginia Cavalry. Capitaine Joel W. Flood
- 2nd Company, Washington Artillery
Capitaine Merritt B. Miller

● **QUATRIÈME BRIGADE**
Brigadier général James Longstreet
- 5th North Carolina.
Lieutenant-colonel J. P. Jones
- 1st Virginia. Major Frederick G. Skinner
- 11th Virginia
Colonel Samuel Garland, J.-R.
- 17th Virginia
Colonel Montgomery D. Corse
- 24th Virginia
Colonel Peter Hairston J.-R.
- 3rd Company, Washington Artillery
Lieutenant John J. Garnett

- Amherst Rangers, 30th Virginia
Capitaine Edgar Whitehead

● **CINQUIÈME BRIGADE**
Colonel Philip St. George Cocke
- 8th Virginia. Colonel Eppa Hunton
- 18th Virginia. Colonel Robert E. Withers
- 19th Virginia
Lieutenant-colonel John B. Strange
- 28th Virginia. Colonel Robert T. Preston
- 49th Virginia (3 compagnies)
Colonel William « Extra Billy » Smith
- Schaeffer's Virginia Battalion Infantry (3 compagnies). Capitaine F. B. Schaeffer
- Loudoun (VA) **Battery**
Capitaine Arthur L. Rogers
- Lynchburg Artillery
Capitaine H. G. Latham
- Wise Troop. Capitaine John S. Langhorne
- Franklin Rangers. Capitaine G W H Hale

- Bedford Southside Dragoons
Capitaine J. Wilson

● **SIXIÈME BRIGADE**
Colonel Jubal A. Early
- 7th Louisiana. Colonel Harry T. Hays
- 13th Mississippi
Colonel William Barksdale
- 7th Virginia. Colonel James L. Kemper
- 4th Company, Washington Artillery
Lieutenant Charles W. Sq

● **BRIGADE EVANS**
Colonel Nathan G. Evans
- 1st Louisiana Battalion
Major Chatham R. Wheat (blessé)
- 4th South Carolina.
Colonel J. B. E. Sloan
- Campbell Rangers, 30th Virginia Cavalry
Capitaine John D. Alexander
- Clay Dragoons, 30th Virginia Cavalry
Capitaine William R. Terry
- Artillery Battery.
Lieutenant G. S. Davidson

Armée de la Shenandoah

(Coll. part.)

Général de brigade Joseph E. Johnston, commandant en chef

● **PREMIÈRE BRIGADE**
Brigadier général Thomas J. Jackson
- 2nd Virginia. Colonel James W. Allen
- 4th Virginia. Colonel James F. Preston
- 5th Virginia. Colonel Kenton Harper
- 27th Virginia. Ltc John Echols
- 33rd Virginia. Colonel Arthur C. Cummings
- Rockbridge Artillery
Capitaine John P. Brockenbrough

● **DEUXIÈME BRIGADE**
Colonel Francis S. Bartow
- 7th Georgia. Colonel Lucius J. Gartrell
- 8th Georgia
Lieutenant-colonel William M. Gardner
- Wise Artillery
Capitaine E. G. Alburtis, Lt John Pelham

● **TROISIÈME BRIGADE**
Brigadier général Barnard Elliott Bee, J.-R. (tué), puis colonel States Rights Gist
- 4th Alabama. Colonel Egbert Jones
- 2nd Mississippi.
Colonel William Clark Falkner
- 11th Mississippi (compagnies A et F).
Ltc Philip F. Liddell
- 6th North Carolina. Colonel Charles F. Fisher
- Staunton Artillery. Capitaine John Imboden

● **QUATRIÈME BRIGADE**
Brigadier général Edmund Kirby Smith (blessé), puis colonel Arnold Elzey
- 1st Maryland Battalion
Lieutenant-colonel George H. Stuart
- 3rd Tennessee
Colonel John C. Vaughn
- 10th Virginia
Colonel Simeon B. Gibbons
- 13th Virginia. Colonel A. P. Hill
- Culpeper Artillery.
Lieutenant Robert F. Beckham

● **ARTILLERIE**
- Pendleton's Battery.
Capitaine William N. Pendleton
- Thomas Artillery. Capitaine P. B. Stanard

● **CAVALERIE**
- 1st Virginia. Colonel J. E. B. Stuart

Armée du Potomac

Brigadier général Irvin McDowell, commandant en chef
Major William Farquhar Barry, commandant de l'artillerie

PREMIÈRE DIVISION
Brigadier général Daniel Tyler

● PREMIÈRE BRIGADE
Colonel Erasmus D. Keyes
- **2nd Maine.** Colonel Charles D. Jameson
- **1st Connecticut.** Lieutenant John Speidel
- **2nd Connecticut.** Colonel Alfred H. Terry
- **3rd Connecticut.** Colonel John L. Chatfield

● DEUXIÈME BRIGADE
Brigadier général Robert C. Schenck
- **2nd New York**
Colonel George W. B. Tompkins
- **1st Ohio.** Colonel Alexander M. McCook
- **2nd Ohio.** Lieutenant Rodney Mason
- **Compagnie « E », 2nd US Artillery**
Capitaine James Howard Carlisle

● TROISIÈME BRIGADE
Colonel William T. Sherman
- **13th New York.** Colonel Isaac F. Quinby
- **69th New York.** Colonel Michael Corcoran (blessé et capturé), capitaine James Kelly
- **79th New York.** Colonel James Cameron
- **2nd Wisconsin Volunteer Infantry Regt.**
Lieutenant-colonel Henry W. Peck, colonel S. Park Coon
- **Compagnie « E », 3rd US Artillery**
Cpt Romeyn B. Ayres

● QUATRIÈME BRIGADE
Colonel Israel B. Richardson
- **1st Massachusetts**
Colonel Robert Cowdin
- **12th New York.** Colonel Ezra L. Walrath
- **2nd Michigan**
Major Adolphus W. Williams
- **3rd Michigan.** Colonel Daniel McConnell, lieutenant-colonel Ambrose A. Stevens
- **Compagnie « G », 1st US Artillery**
(2 canons). Lieutenant John Edwards, J.-R.
- **Compagnie « M », 2nd US Artillery**
(4 canons). Capitaine Henry J. Hunt

DEUXIÈME DIVISION
Brigadier général David Hunter (blessé), colonel Andrew Porter

● PREMIÈRE BRIGADE
Colonel Andrew Porter
- **8th New York Militia.** Col George Lyons
- **14th New York Militia (14th Brooklyn).** Colonel Alfred M. Wood (blessé), Lieutenant-colonel Edward Brush Fowler
- **27th New York.** Colonel Henry W. Slocum (blessé), puis major Joseph J. Bartlett
- **US Infantry Battalion**
(8 compagnies). Maj George Sykes
- **US Marine Corps Battalion**
Major Joseph G. Reynolds
- **5th US Cavalry Battalion**
(7 compagnies) Major Innis N. Palmer
- **Compagnie « Dω », 5th US Artillery**
Capitaine Charles Griffin

● DEUXIÈME BRIGADE
Colonel Ambrose Burnside
- **2nd New Hampshire.** Colonel G. Marston
- **1st Rhode Island.** Major Joseph P. Balch
- **2nd Rhode Island**
Colonel John S. Slocum
- **71st New York**
Colonel Henry P. Martin
- **2nd Rhode Island Battery**
Cpt William H. Reynolds

TROISIÈME DIVISION
Col Samuel P. Heintzelman (blessé)

● PREMIÈRE BRIGADE
Colonel William B. Franklin
- **5th Massachusetts**
Colonel Samuel C. Lawrence (blessé)
- **11th Massachusetts**
Colonel George Clark, Jr.
- **1st Minnesota**
Colonel Willis A. Gorman
- **4th Pennsylvania**
Colonel John F. Hartranft
- **Compagnie « I », 1st US Artillery**
Capitaine James B. Ricketts

● DEUXIÈME BRIGADE
Colonel Orlando B. Willcox (blessé et capturé), puis colonel J. H. Hobart Ward
- **11th New York « First Fire Zouaves ».**
Lieutenant-colonel Noah L. Farnham
- **38th New York**
Colonel J. H. Hobart Ward, Lieutenant-col. Addison Farnsworth
- **1st Michigan**
Major Alonzo F. Bidwell
- **4th Michigan**
Colonel Dwight A. Woodbury
- **Compagnie « D », 2nd US Artillery.**
Capitaine Richard Arnold

● TROISIÈME BRIGADE
Colonel Oliver O. Howard
- **3rd Maine.** Maj Henry G. Staples
- **4th Maine.** Col Hiram G. Berry
- **5th Maine.** Col Mark H. Dunnell
- **2nd Vermont.** Col Henry Whiting

QUATRIÈME DIVISION
Brigadier général Theodore Runyon

● MILITIA
- **1st New Jersey**
Colonel Adolphus J. Johnson
- **2nd New Jersey.** Colonel Henry M. Baker
- **3rd New Jersey.** Colonel William Napton
- **4th New Jersey.** Colonel Matthew Miller, Jr.
- **Volunteers. 1st New Jersey**
Colonel William R. Montgomery
- **2nd New Jersey**
Colonel George W. McLean
- **3rd New Jersey**
Colonel George W. Taylor
- **4th New Jersey**
- **41st New York**
Colonel Leopold von Gilsa

CINQUIÈME DIVISION
Colonel Dixon S. Miles

● PREMIÈRE BRIGADE
Colonel Louis Blenker
- **8th New York.** Ltc Julius Stahel
- **29th New York**
Col Adolph von Steinwehr
- **39th New York.** Col Frederick G. D'Utassy
- **27th Pennsylvania.** Col Max Epstein
- **Compagnie « A », 2nd US Artillery.**
Capitaine John C. Tidball
- **8th New York Militia Battery**
Capitaine Charles Brookwood

● DEUXIÈME BRIGADE
Colonel Thomas A. Davies
- **16th New York.** Ltc Samuel Marsh
- **18th New York**
Colonel William A. Jackson
- **31st New York.** Colonel Calvin E. Pratt
- **32nd New York**
Colonel Roderick N. Matheson
- **Compagnie « G », 2nd US Artillery.**
Lieutenant Oliver D. Greene

Le général McClellan, général en chef des armées du Nord après les premières défaites de 1861. *(Bibliothèque du Congrès)*

Bibliographie sommaire

L'HISTOIRE GÉNÉRALE

— *The Coming Fury. Vol. one. The Centennial History of the Civil War.* Bruce Catton, Doubleday & Company, Inc. New York, 1961, 565 pages.

— *Terrible Swift Sword. Vol. two. The Centennial History of the Civil War.* Bruce Catton, Doubleday & Company, Inc. New York, 1963, 559 pages.

— *The Blue and The Gray. The Story of the civil war as told by participants.* Henry Steele Commager (ed.), The Bobbs-Merrill Company.

— *Civil War Harper's Weekly* du 3 août 1861.

— *La guerre de Sécession (1861-1865).* James McPherson, Éditions Robert Laffont, collection Bouquins, 1991, 1040 pages.

— *Battle Cry of Freedom. The Civil War Era.* Éditions Oxford University Press.

— *Great Gambles of the Civil War*, Philip Katcher, Cassel Military Paperbacks.

— *The Civil War*, Bruce Catton, American Heritage-Bonanza Books.

— *1400 Days, the US Civil War day by day*, C. Bishop, Ian Drury, Tony Gibbons, A Dragon's world books.

— *Les guerres américaines. La Sécession*, Éditions Atlas.

— *The Civil War Source Book*, Philip Katcher, Arms and Armour Press.

L'HISTOIRE MILITAIRE

— *The Destructive War. William Tecumseh Sherman, Stonewall Jack son and the Americans.* Charles Royster, Éditions Alfred A. Knopf.

— *The South was right.* James Ronald Kennedy, Walter Donald Kennedy, Pelican Publishing Company.

— *The Blue and the Grey*, National Geographic Society.

— *Echoes of Glories*, Time Life Books.

— *The fighting men of the Civil War*, William C. Davis, Salamander book.

— *Soldier in America*, Don Troiani, E.J Coates, J.L Kochan, Stackpole Books.

— *Civil War Military Dictionnary.* Pioneer Press.

— American Civil War Confederate Army, Ron Field, Brassey's.

— American Civil War Union Army, Ron Field, Brassey's

— *The Army of Robert E. Lee*, Philip Katcher, Cassel Books.

LES UNIFORMES, L'ÉQUIPEMENT, L'ARMEMENT

— *The illustrated history of the american soldiers, his uniform, his equipment. Johnny Reb.* Leslie D. Jensen, Greenhil Books.

— *The red legs, US Artillery from 1861 to 1898*, J. P. Langellier, Stackpole Books.

— *Uniforms of the Civil War*, Philip Haythornthwaite, Sterling Publishing.

— *The american soldier*, Philip Katcher, R. Volstad, Osprey Military.

— *American Civil War Union Army*, R. Smith, C. Collingwood.

— *Military images. Photographic History of the US Soldier and Sailors in the XIX Century*, Sandstone Road, Henryville.

— *US lnfantry Equipment*, Philip Katcher et B. Fosten, Osprey MAA n° 214.

— *Long Knives*, J. P. Langellier in Military Illustrated n° 57.

— *The Horse Soldier 1776-1943*, R. Steffen, volume II, University of Oklahoma Press.

— *Le cavalier nordiste en 1863*, Philip Katcher, (traduction Louis Delpérier) in *Uniformes* n° 95.

— Army of the Northern Virginia, Philip Katcher et M. Youens, Osprey Men-At-Arms, n° 37.

— Army of the Potomac, Philip Katcher et M. Youens, Osprey MAA n° 38.

— *American Civil War Armies. Confederate (Artillery, Cavalry, and Infantry)*, Philip Katcher et Ron Volstad, Osprey Men-At-Arms, n° 170.

— *American Civil War Armies. Union (Artillery, Cavalry, and Infantry)*, Philip Katcher et Ron Volstad, Osprey Men-At-Arms, n° 177.

— *American Civil War Armies. Staff, Specialists and Maritime Services*, Philip Katcher et Ron Volstad, Osprey Men-At-Arms, n° 179.

— *American Civil War Armies. States troops*, Philip Katcher et Ron Volstad, Osprey Men-At-Arms, n° 190.

— *American Civil War Armies. Volunteer Militia*, Philip Katcher et Ron Volstad, Osprey Men-At-Arms, n° 207.

— *Confederate Infantryman, 1861-1865*, Ian Drury et Gerry Embleton, Osprey Warrior Series, n° 6.

— *Union cavalryman*, Philip Katcher et R. Hook, Osprey Warrior series n° 13.

— *Flags of the American Civil War. Confederation*, Philip Katcher et Rick Scollins, Osprey Men-At-Arms, n° 257.

— *Flags of the American Civil War. Union*, Philip Katcher et Rick Scollins, Osprey Men-At-Arms, n° 258.

— *The Flags of the Confederacy, an illustrated history*, Deveraux D. Cannon Jr, St Lukes Press and Broadfoot Publishing.

— *The Flags of the Union, an illustrated history*, Deveraux D. Cannon Jr, St Lukes Press and Broadfoot Publishing.

— *Confederate Forces of the Civil War*, Philip Katcher, Soldiers Fotofax, Arms and Armour Press.

— *Field Artillery Weapons of the Civil War*, J. C. Hazlet, E. Olmstead, M. Hume-Parks, University of Illinois Press.

— *Bands and drummer boys of the Civil War*, Franci A. Lord, Arthur Wise, Library of Congress.

LES BATAILLES

— *Battle at Bull Run: A History of the First Major Campaign of the Civil War*, William C. Davis, *Stackpole Books*, 2e édition, 1995, 336 pages.

— *First Bull Run, 1861*, Alan Hankinson, Osprey Campaign series n° 10.

— *Bull Run, première victoire du Sud,* Pascal Lepautremat, Des batailles et des hommes n° 7, Histoire & Collections.

— *Chickamauga, 1863*, James R. Arnold, Osprey Campaign series n° 17.

— *Vicksburg, 1863*, Alan Hankinson, Osprey Campaign series n° 260.

— *Gettysburg, 1863*, Marc Rolland, Les grandes batailles de l'Histoire, Socomer Éditions

— *National geographic guide to the Civil War, National Battlefiekds Parks*, A. W. Green et Gary Gallagher, National Geographic Society.

— *Battle in the Civil War. Genetralship and Tactics in America, 1861-65*, Paddy Griffith, Field Books

INTERNET

— Site internet de la Dakota State University.

Table des matières

Remerciements

Nous désirons rendre hommage et remercier ici tous les auteurs et collectionneurs qui se sont intéressés à la période et nous ont permis d'avancer dans notre présentation. Leur exemple, leurs travaux, leur aide précieuse – tant morale qu'éditoriale depuis que nous avons, en 1998, initié ce grand projet – nous ont toujours accompagnés.

Merci aussi à Georges Bernage, éditeur courageux, de nous avoir permis de réaliser ce nouvel ouvrage.

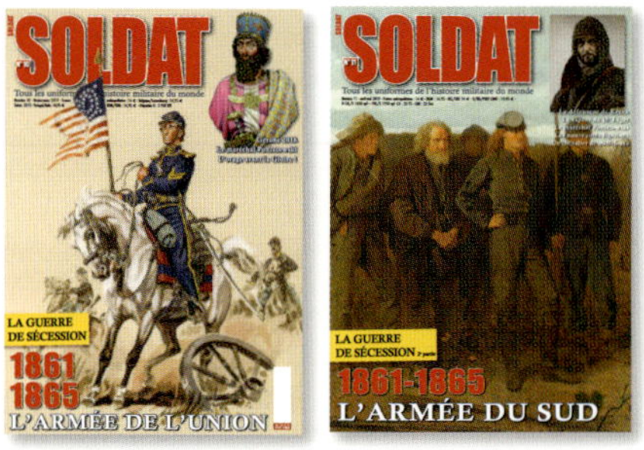

Cet ouvrage a déjà été publié sous la forme des dixième et onzième numéros de la revue SOLDAT – *Les uniformes de l'histoire militaire du Monde* en février et en avril 2019 pour le compte des *Editions Heimdal*.

Les 114 planches uniformologiques de cet ouvrage ont été dessinées par André Jouineau.
Les légendes ont été écrites par André Jouineau et Jean-Marie Mongin. Le texte est de Jean-Marie Mongin.
Les schémas et organigrammes ont été réalisés par Jean-Marie Mongin.
Conception, maquette et mise en pages d'André Jouineau et Jean-Marie Mongin.
Couverture de Jean-Marie Mongin pour les *Éditions Heimdal*.

Éditions Heimdal BP 61350 - 14406 Bayeux CEDEX
Téléphone : 02 31 51 68 68 - Fax : 02 31 51 68 60.
www.editions-heimdal.fr

ISBN 978-284048-541-4

Achevé d'imprimer en avril 2019
sur les presses de l'imprimerie *Pollina* (France) pour le compte des *Éditions Heimdal*
Georges Bernage, éditeur.